新能源汽车
NEW ENERGY VEHICLES

小百科

◎ 主编　陈媛玉

机械工业出版社
CHINA MACHINE PRESS

本书主要内容包括新能源汽车概述、纯电动汽车、混合动力电动汽车、太阳能电动汽车、燃料电池电动汽车、气体燃料汽车、生物燃料汽车、如何挑选及购买新能源汽车等，全面介绍了新能源汽车构造、原理、量产车型及概念车。本书条理清晰、内容翔实、图文结合、通俗易懂，可读性强，可作为新能源汽车爱好者的普及读物及购买新能源汽车的指导用书。

图书在版编目（CIP）数据

新能源汽车小百科 / 陈媛玉主编 .—北京：机械工业出版社，2017.1
ISBN 978-7-111-55091-4

Ⅰ. ①新… Ⅱ. ①陈… Ⅲ. ①新能源 - 汽车 - 基本知识 Ⅳ. ① U469.7

中国版本图书馆 CIP 数据核字（2016）第 244943 号

机械工业出版社（北京市百万庄大街 22 号 邮政编码 100037）
策划编辑：杜凡如 连景岩 责任编辑：刘 煊 杜凡如
责任校对：张 征 封面设计：张 静
责任印制：李 飞
北京铭成印刷有限公司印刷
2016 年 11 月第 1 版第 1 次印刷
145mm × 210mm · 4.875 印张 · 152 千字
0001—3000册
标准书号：ISBN 978-7-111-55091-4
定价：29.90 元

凡购本书，如有缺页、倒页、脱页，由本社发行部调换

电话服务
服务咨询热线：010-88361066
读者购书热线：010-68326294
010-88379203

网络服务
机 工 官 网：www.cmpbook.com
机 工 官 博：weibo.com/cmp1952
金 书 网：www.golden-book.com
教育服务网：www.cmpedu.com

前言 PREFACE

汽车尾气排放已经成为城市的重要污染物，各大汽车厂商目前主要采取提高传统能源汽车发动机相关技术的方法，以减少排放污染，但技术提升的难度将会越来越大。因此，发展新能源汽车正成为各大制造厂商的新趋势，因为新能源汽车具有极其优异的环保特点。近期我国汽车工业以纯电动汽车、混合动力电动汽车为重点，大力推广普及节能汽车，逐步改善汽车的排放水平。

为了帮助人们更好地了解新能源汽车，我们编写了《新能源汽车小百科》，重点介绍了新能源汽车的技术发展及各种新能源汽车的特点，从而让读者在选择购买、使用新能源汽车时做到心中有数。全书共分为八章，包括新能源汽车概述及各种类型新能源汽车的知识。

本书由陈媛玉主编，参加编写的人员还有陈春燕、黄容、李昌凤、李志刚。在本书编写过程中，得到了许多汽车制造厂商、经销商以及广大技师朋友的大力支持和协助，在此表示诚挚的感谢！

由于编者水平有限，书中难免有不足之处，恳请广大读者批评指正，以便再版时补充完善。

编　者

目录 CONTENTS

前言

第 1 章　新能源汽车概述 …… 1

1. 新能源汽车的类型 …… 2
2. 新能源汽车的发展 …… 5
3. 新能源汽车的性能指标 …… 7

第 2 章　纯电动汽车 …… 8

1. 纯电动汽车的优点 …… 9
2. 纯电动汽车的基本构造 …… 11
3. 纯电动汽车的整车控制原理 …… 17
4. 纯电动汽车的充电 …… 19
5. 纯电动汽车的保养 …… 22
6. 纯电动汽车的应用车型 …… 27

第 3 章　混合动力电动汽车 …… 31

1. 混合动力电动汽车的标识及优点 …… 32
2. 混合动力电动汽车的分类 …… 33

CONTENTS 目录

3. 非插电式混合动力汽车 39
4. 插电式混合动力汽车 54
5. 混合动力电动汽车的保养 61
6. 混合动力电动汽车的应用车型................................65

第 4 章　太阳能电动汽车 ·············· 68

1. 太阳能电动汽车的优点 69
2. 太阳能电动汽车的基本构造与原理..........................70
3. 太阳能电动汽车的应用车型....................................74
4. 太阳能电动汽车的发展前景....................................78

第 5 章　燃料电池电动汽车 ··········· 80

1. 燃料电池电动汽车的优势和类型.............................81
2. 燃料电池电动汽车的基本构造.................................84
3. 燃料电池电动汽车工作原理....................................87
4. 燃料电池电动汽车组合仪表显示.............................88
5. 燃料电池电动汽车的应用车型.................................89

目录 CONTENTS

第 6 章　气体燃料汽车 ················ 95

1. 天然气汽车······96
2. 液化石油气汽车······99
3. 氢气燃料汽车······101
4. 气体燃料汽车的应用车型······104

第 7 章　生物燃料汽车 ············· 107

1. 醇类燃料汽车······108
2. 生物柴油汽车······112
3. 二甲醚燃料汽车······113
4. 生物燃料汽车的应用车型······116

第 8 章　如何挑选及购买新能源汽车 119

1. 新能源汽车的品牌······120
2. 新能源汽车的购车补贴政策······140
3. 新能源汽车售后设施······141
4. 新能源汽车购车指南······142

第1章

新能源汽车概述

新能源汽车的英文名称是 New Energy Vehicles，它是指采用非常规的车用燃料（即除汽油、柴油之外）作为动力来源（或使用常规的车用燃料，采用新型车载动力装置），综合车辆的动力控制和驱动方面的先进技术，形成的技术原理先进，具有新技术、新结构的汽车。新能源汽车通过技术创新，实现了节能减排，改善了运行性能。未来的新能源汽车将具有更大的优势。

1. 新能源汽车的类型

新能源汽车包括纯电动汽车（EV）、混合动力电动汽车、太阳能电动汽车、燃料电池电动汽车（FCEV）、气体燃料汽车（天然气、液化石油气、氢气）和生物燃料汽车等。其中混合动力电动汽车指的是带有电机驱动形式的混合动力汽车，而混合动力汽车包含了油气混合、油电混合、气电混合 3 种。新能源汽车具有废气排放量比较低，能效较高等优势。常见的新能源汽车的类型如下：

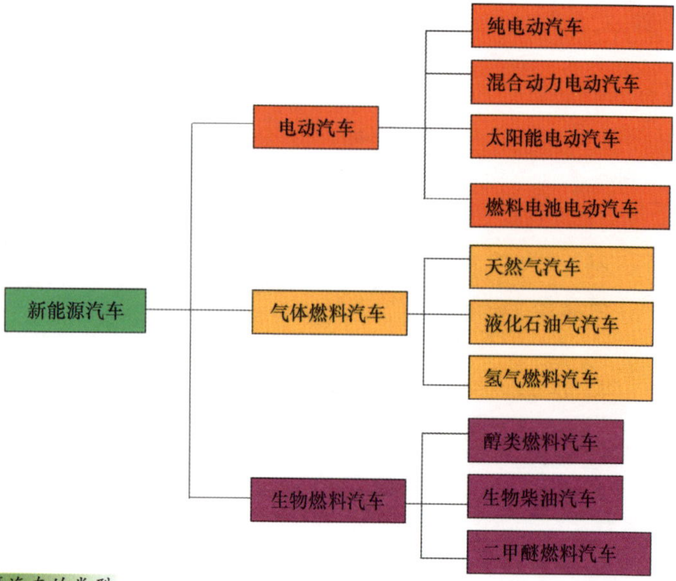

▲ 新能源汽车的类型

（1）纯电动汽车

纯电动汽车是以车载电源为动力，用电机驱动汽车行驶，符合道路交通、安全法规各项要求的车辆。

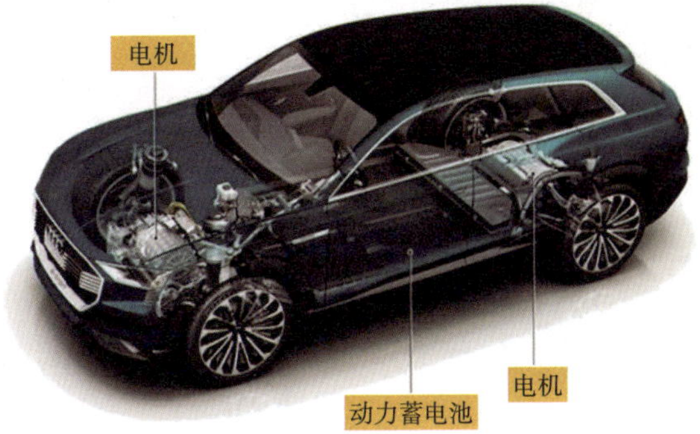

▲ 奥迪 e-tron quattro 纯电动汽车

（2）混合动力电动汽车

混合动力电动汽车是由多于一种的能量转换器提供驱动动力的混合型电动汽车。目前，混合动力电动汽车多采用传统燃料与电力的混合方式（如奥迪 Q5 Hybrid 混合动力电动汽车），但是随着新技术的发展，也出现了气体燃料与电力的混合方式（如气电混合动力公交车）。混合动力汽车的关键技术为混合动力系统，它直接影响到混合动力汽车的整车性能。

▲ 奥迪 Q5 Hybrid 混合动力电动汽车

（3）太阳能电动汽车

太阳能电动汽车把太阳能转化成电能来驱动汽车行驶。太阳能是可再生能源，太阳能光发电技术通过光电转换装置把太阳能转换成电能来利用。光电转换装置通常是利用半导体器件的光伏效应原理进行光电转换的，因此该技术也称太阳能光伏技术。太阳能电动汽车上使用的正是太阳能光伏电池。

▲ 太阳能电动汽车概念车

（4）燃料电池电动汽车

燃料电池电动汽车是将燃料的化学能直接转化为电能，从而利用电力驱动的车辆。燃料电池电动汽车是通过电池直接将化学能转化为电能，利用电动机驱动，而不是利用燃料的燃烧过程产生的能量。其能量转换效率较内燃机要高 2 ~ 3 倍。

▲ 燃料电池电动汽车

（5）气体燃料汽车

气体燃料汽车是利用可燃气体做能源的汽车，常见汽车气体燃料包括天然气和液化石油气、氢气等。

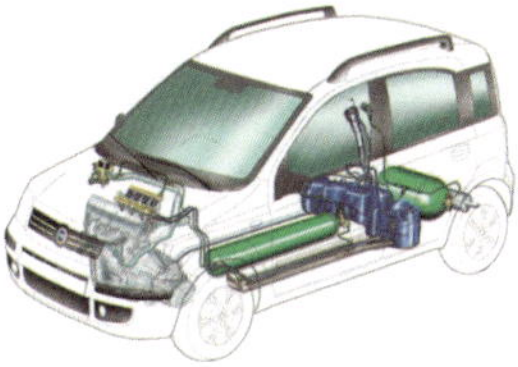

▲ 天然气汽车

▲ 液化石油气汽车

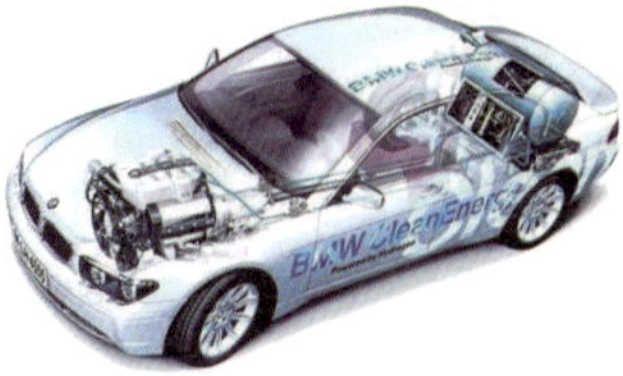

▲ 氢气汽车

（6）生物燃料汽车

生物燃料汽车的动力来源是由有机物组成或者制成的燃料（甲醇、乙醇、生物柴油等），比如玉米制成的乙醇汽车燃料，或者回收食用油制成的生物柴油等。可供提取生物燃料的物质种类很多，比如玉米、黄豆、亚麻籽、油菜籽、甘蔗、椰子油、回收食用油等，它不同于石油等传统化石燃料，属于可以再生的燃料。

▲ 给生物燃料汽车加注甲醇

2. 新能源汽车的发展

从“十三五”开始，我国新能源汽车产业将由起步阶段进入加速阶段，但新能源汽车发展仍然以混合动力汽车为核心，然后向纯电动汽车延伸。北京、上海、深圳、广州等城市的新能源汽车推广相对较好。在未来，北京将成为全世界新能源汽车推广力度最大、保有量领先的城市。预计到2020年，我国纯电动汽车和混合动力汽车的市场保有量有望超过500万辆。

（1）新能源汽车生产

新能源汽车整车已经进入规模化应用阶段，前期主要用于城市公交，现在乘用车产品也越来越多，比如奔驰、大众、宝马、三菱、比亚迪、奇瑞等都有新能源汽车生产上市。

城市公交

奔驰

大众

宝马

三菱

比亚迪

奇瑞

▲ 目前新能源汽车的主要品牌

（2）新能源汽车政策支持

新能源汽车已经列入到我国新兴汽车产业中，具体的支持政策也正在陆续出台，支持力度也越来越大。除了新能源汽车的购买补贴外，以后地方政府还会陆续出台一些优惠政策，例如购置税优惠、停车收费优惠，甚至还将提供一些行驶上的便利，比如传统汽车的限行，对新能源汽车是没有的。所有这些措施，都是为了努力营造一个对新能源汽车友好的使用环境和氛围，引导消费者来加深认识，主动购买新能源汽车。从未来的趋势来看，选择新能源汽车的消费者会越来越多，因为不论从汽车技术、用车养车成本还是交通限行方面，新能源汽车都会慢慢体现出其优势。

3. 新能源汽车的性能指标

新能源汽车的性能指标主要包括车辆性能、排放性能、能量转换效率、燃料成本等，各种新能源汽车的综合比较如下。

类型 指标	纯电动汽车	混合动力电动汽车	太阳能电动汽车	燃料电池汽车	气体燃料汽车	生物燃料汽车
车辆性能	一般	好	一般	一般	差	一般
能量密度	差	较好	差	差	差	一般
能源储存性	差	一般	差	差	差	一般
排放性能	好	较好	好	好	一般	一般
能量转换效率	较好	好	好	好	差	差
能源来源	较好	一般	好	好	差	一般
购车成本	一般	一般	差	差	较好	较好
燃料成本	好	较好	好	差	较好	较好
加油 / 充电便利性	较好	好	差	差	差	一般

第2章

纯电动汽车

纯电动汽车是指以车载电源为动力，用电机驱动汽车行驶，符合道路交通、安全法规各项要求的车辆。由于对环境影响相对传统汽车较小，它将是替代燃油汽车的最可能的选择。

纯电动汽车（Battery Electric Vehicle，简称BEV或EV），它是完全由可充电的电池（如铅蓄电池、镍镉电池、镍氢电池或锂离子电池）提供动力源的汽车。随着新器件、新技术的不断出现，纯电动汽车的动力控制系统将会有更大的进步，市场应用将会越来越大。但是目前纯电动汽车普遍存在价格高、充电不方便等缺点。

1. 纯电动汽车的优点

（1）结构相对简单

纯电动汽车使用单一的电能源，省去了发动机、燃油箱、燃油控制系统和排气系统，所以结构简单，如奥迪 R8 e-tron 纯电动跑车。

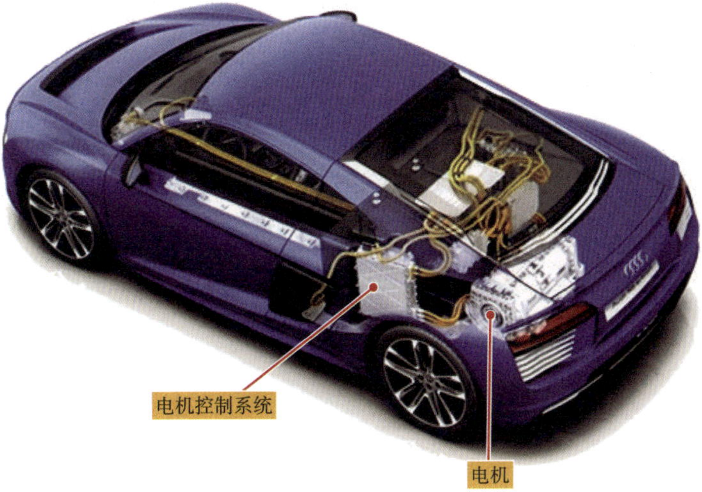

▲ 内部结构简单

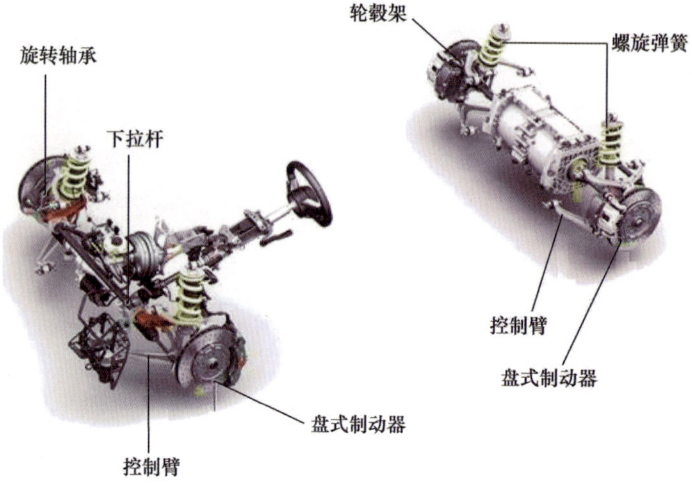

▲ 纯电动汽车悬架结构

（2）环境污染小

纯电动汽车使用电动机驱动车辆，在行驶中无废气排出，不污染环境。

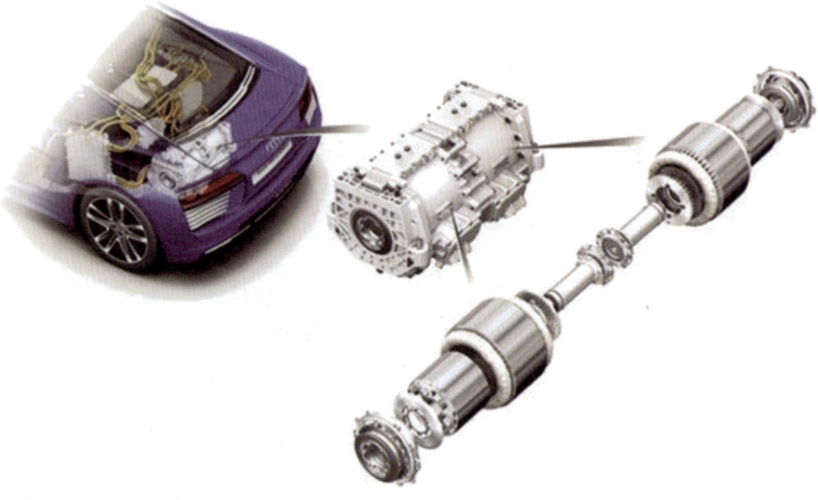

▲ 电动机驱动车辆

（3）高效率

纯电动汽车能源利用方面最显著的特点是高效。在城市中，道路上汽车行驶较多，而且经常遇到红绿灯，汽车必须不断停车和起动。对于传统燃油汽车而言，这不仅意味着消耗大量能源，而且也意味着更多汽车尾气排出。而使用纯电动汽车，减速停车时，可以将汽车的动能通过电磁效应“再生”转化为电能，并储存在蓄电池或其他储能器中。这样在停车时，就不必让电机空转，可以大大提高能源的使用效率，减少空气污染。

（4）噪声小

现在大城市中汽车噪声已经成为一种比较严重的污染，减少噪声污染也是非常重要的内容。与燃油汽车相比，纯电动汽车基本无噪声，它在行驶运行中十分安静，特别适合在需要降低噪声污染的城市道路上行驶。

▶ 行驶运行中噪声小

（5）使用范围广，受所处环境影响较小

纯电动汽车在特殊场合，如不通风、冬天低温场所，或者高海拔缺氧的地方均可以使用，而燃油汽车要么不能工作，要么效率降低，而纯电动汽车则受影响较小。

2. 纯电动汽车的基本构造

纯电动汽车的结构主要由驱动系统、汽车底盘、车身以及各种辅助装置组成。除了驱动系统，其他部分的功能及其结构组成基本与传统汽车相同，不过有些部件根据所选的驱动方式不同，已被简化或省去。所以驱动系统既决定了整个纯电动汽车的结构组成及其性能特征，也是纯电动汽车的核心，它相当于传统汽车中的发动机与传动系以机电一体化方式相结合，这也是区别于传统汽车的最大不同点。以江淮 IEV5 纯电动汽车为例，它的基本构造如下。

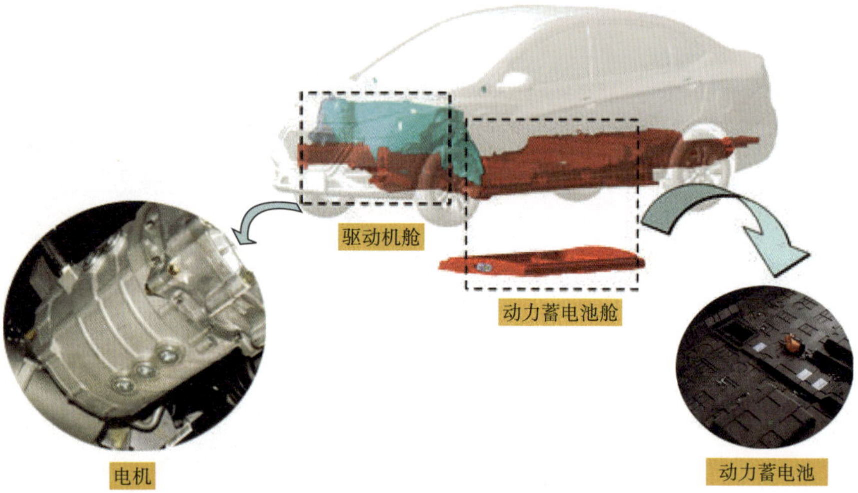

▲ 江淮 IEV5 纯电动汽车的基本构造

（1）组合仪表显示

组合仪表的形式结构有所差异，但它的基本功能不变，具体内容如下。

1）动力蓄电池电量表。通过点亮的条形格数量来指示动力蓄电池电量的状态，最多有 12 个条形格点亮，显示电量存量。当只有最下方一个条形格点亮时，动力蓄电池电量低，警告灯点亮，应尽快充电。

2）动力蓄电池温度表。通过点亮的条形格数量和颜色来指示动力蓄电池温度，共有 5 个条形格，最上面 2 格显示红色，中间 1 格显示为白色，最下面 2 格显示蓝色。当红色条形格闪烁时，表示动力蓄电池温度过高；当蓝色条形格闪烁时，表示动力蓄电池温度过低。如果动力蓄电池温度过高或过低，限功率指示灯（类似乌龟形状的指示灯）点亮，驱动电动机输出功率受到限制。

3）电动机功率表。显示动力系统功率，共有 12 个环形圆圈，以 kW 为单位。当加速时，圆圈中的白点会根据加速力度依次向右增加，当把加速踏板踩到底时，右边的蓝色和红色圆圈都将被小白点填充。而如果松加速踏板或者减速时，小白点则会填充左边的圆圈。左右的分界线则是第 4 个圆圈，在静止状态下，只有第 4 个圆圈中的白点亮起。

4）数字式车速表。以数字形式在液晶屏上显示车速，以 km/h 为单位。

5）里程表。以数字形式在液晶屏上显示汽车行驶的总里程和单程行驶里程。

6）指示灯。纯电动汽车的组合仪表指示灯与传统汽车的组合仪表指示灯一样，它们均显示汽车的工作状态。

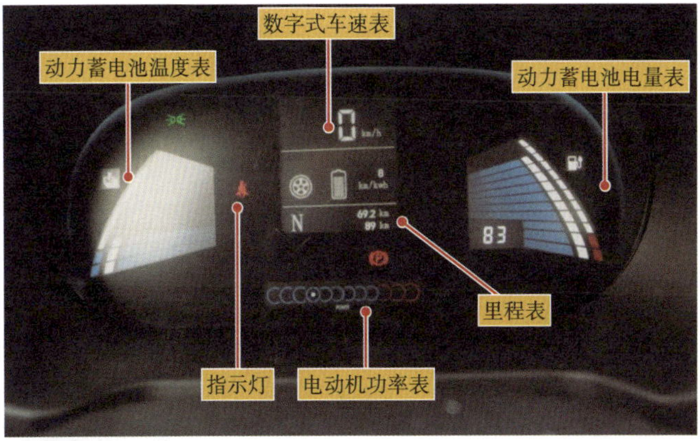

▲ 组合仪表显示

（2）驱动系统

纯电动汽车的驱动系统主要由动力蓄电池、驱动电机、电子电力箱（含 DC/DC 转换器和 DC/AC 转换器）、高压配电单元、高压线束（含接插件）、电动汽车控制单元 (VCU)、车载充电器构成，这些装置的工作用电动汽车控制单元（VCU）进行高精确集中控制。其中电力电子箱主要是将逆变器（DC/AC 转换器）和高低压直流转换器（DC/DC 转换器）集成在一起。

1）驱动电机及变速器。江淮 IEV5 驱动电机是一个液冷永磁同步电机，电机功率为 50kW，峰值转矩 215N · m。该电机配合电动变速器工作，最高车速达到 120km/h，经济模式续航里程 200km，达到一般燃油汽车的要求。

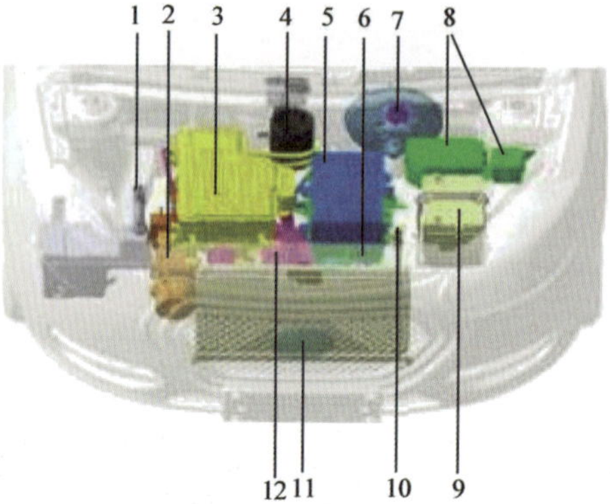

a）示意图

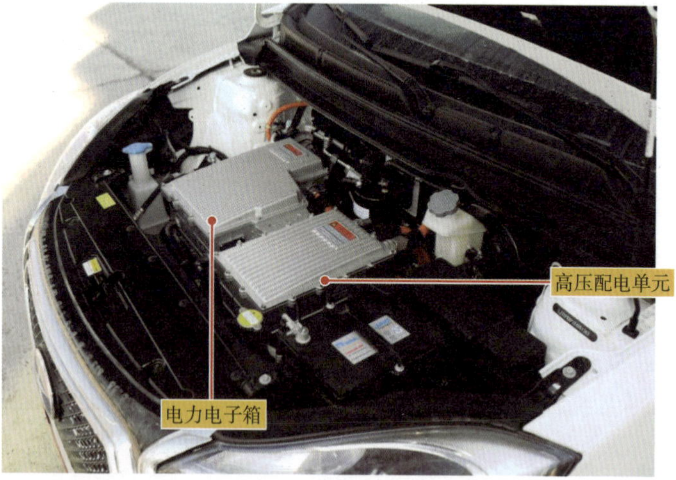

b）实物图

▲ 驱动系统主要部件

1—洗涤液加注口 2—电动空调压缩机 3—电子电力箱 4—真空罐
5—高压配电单元 6—车载充电器 7—制动液加注口 8—熔丝盒
9—12V 蓄电池 10—冷却液加注口 11—充电口盖 12—驱动电机及变速器

电机转子采用永磁体，旋转磁场和定子线圈共同作用产生转矩，驱动汽车行驶。当踩下“加速踏板”时，电机处于电量输出状态;当松开“加速踏板”或者踩“制动踏板”时，电机处于电量回收状态。

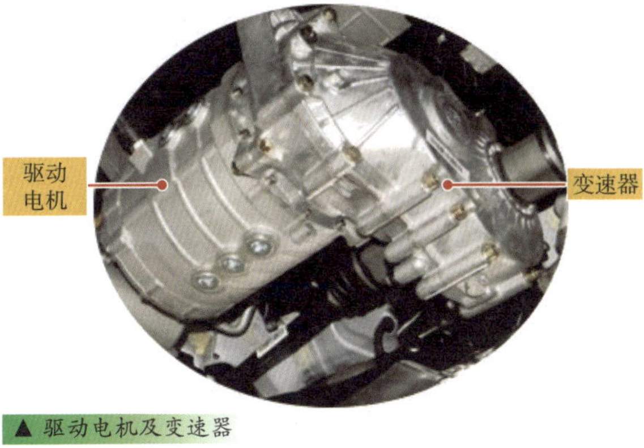

▲ 驱动电机及变速器

2）高压配电单元。高压配电单元主要是根据驾驶人对加速踏板操作需要调节交流电的电流与电压，以控制驱动电机。

3）DC/AC 转换器。DC/AC 转换器将来自动力蓄电池的直流电转换为交流电，然后由高压配电单元进行调节，以控制驱动电机。当在制动能量回收时电动机变成发电机工作发电，其产生的交流电经 DC/AC 转换器转换为直流电向动力蓄电池充电。

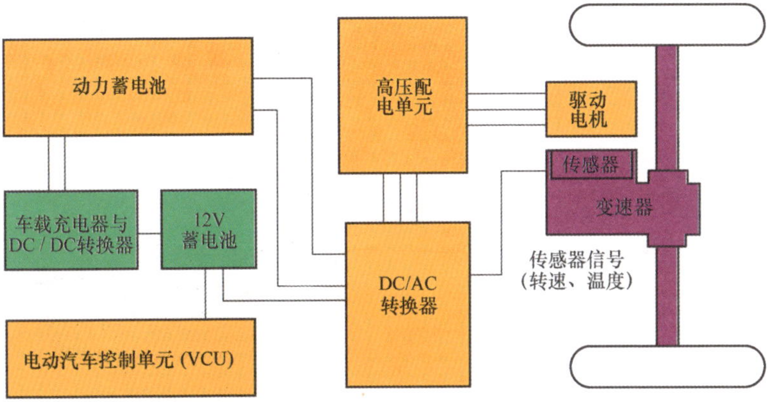

▲ DC/AC 转换器与驱动系统原理示意图

4）车载充电器及 DC/DC 转换器。电动汽车搭载车载充电器，这种车载充电器与从 300V 的动力蓄电池（有些达到 380V 甚至更高，具体以对应车型规定为准）向 12V 蓄电池充电用的 DC/DC 转换器集成一体。

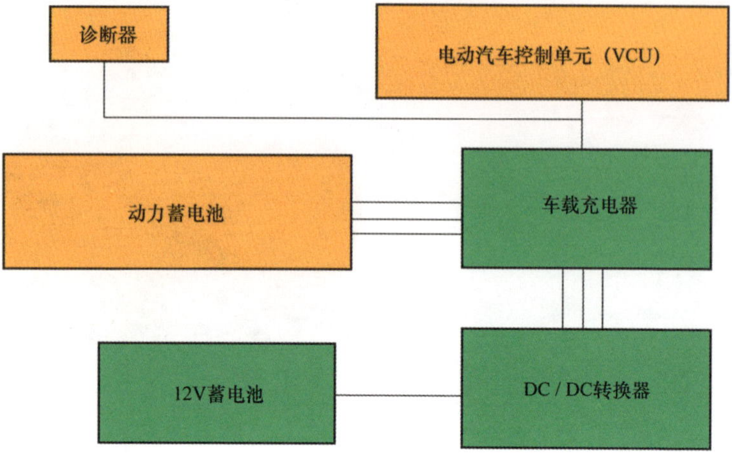

▲ 车载充电器及 DC/DC 转换器

5）动力蓄电池。目前新能源汽车的动力蓄电池主要分为三元锂电池、锰酸锂电池和磷酸铁锂电池，其中磷酸铁锂电池是性能最为稳定的。以江淮 IEV5 为例，它采用的磷酸铁锂电池，先由 92 个 18650 电池串联成单元，然后 32 组单元并联组成电池包（重量达到 300kg 左右），共用电池 2944 节，每节电池 2200mA，电池组采取风冷降温方式。

动力蓄电池安装在车辆前后轴中间底部，有利于将来动力蓄电池的维修以及快速更换。

▲ 江淮 IEV5 动力蓄电池

（3）车身结构

车室采用了超高强度钢结构，前缓冲梁采用铝合金材料，尾门采用轻量复合材料，充电口及其盖、横梁采用新型合成材料制造。

▲车身结构

3. 纯电动汽车的整车控制原理

江淮 IEV5 的整车控制系统用来收集驾驶人的需求 (如加速踏板位置、制动踏板位置、档位)，调整驾驶的平顺性和舒适性，并根据车辆状况 (当前动力蓄电池和电机的实际能力) 对车辆的输出转矩进行限制。具体的功能模式有电爬行模式、正常模式、能量回收模式、故障模式、蓄电池管理系统、高电压控制系统、蓄电池剩余电量测定等。

（1）电爬行模式

电爬行模式类似于配备自动变速器的传统车辆，在车辆起步的时候，松开制动踏板，车辆能够缓慢平稳地起动。

（2）正常模式

正常模式与传统汽车类似，在正常行驶过程中，整车控制系统能够根据当前驾驶需求（如加速、制动）进行相应电机转矩输出的控制。

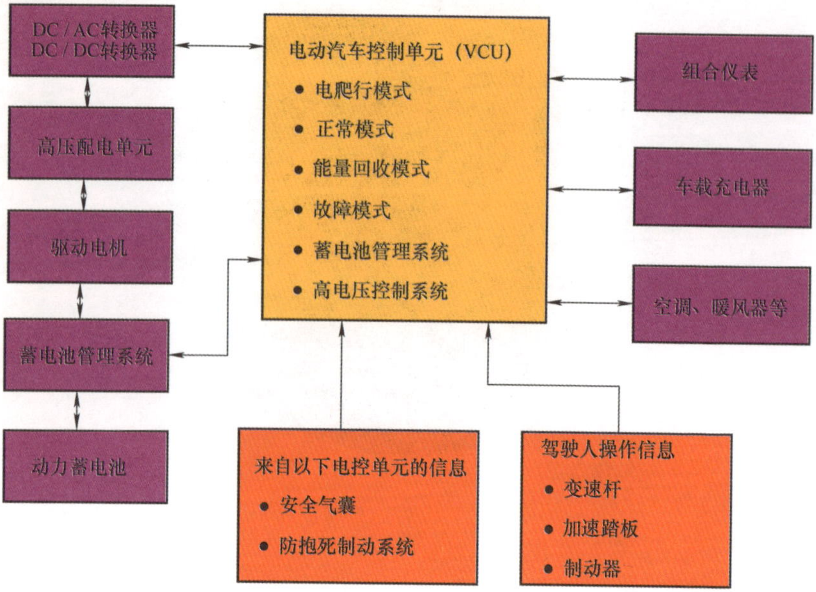

▲ 纯电动汽车的整车控制

（3）能量回收模式

在车辆滑行和制动的时候，车辆能够进入能量回收模式，通过电机将车辆的一部分动能转化为电能，然后储存在动力蓄电池中。

（4）故障模式

整车控制系统在检测到车辆内部故障后，能够根据设定好的程序进入相应的故障模式。在该模式下，车辆会进入限制电机功率、限制输出转矩或限制车速等工作状态。

（5）蓄电池管理系统

蓄电池管理系统是由单体电池检测器、漏电传感器、电流传感器构成，对所有的单体电池电压、温度实时监测，对高压系统与车身之间有无漏电进行实时监测。电动汽车控制单元(VCU)对动力蓄电池是否正常工作进行实时监测检查。

（6）高电压控制系统

当监测到车辆碰撞、漏电或发生故障时，设置于动力蓄电池与电力电子箱之间的高压电路被切断，从而防止发生短路或触电事故，确保驾乘人员的安全。车辆碰撞检测是依靠安全气囊系统的加速度传感器完成的。此外，当漏电传感器检测到漏电时，高电压电路也会被切断。

（7）蓄电池剩余电量测定

动力蓄电池的剩余电量测定不仅根据来自蓄电池管理系统的信息，还包括空调、暖风器、电机、电动汽车控制单元(VCU)、充电器的信息进行综合推算和控制。计算得到的蓄电池剩余电量被反映到剩余里程表中，成为继续行驶里程的重要参数。

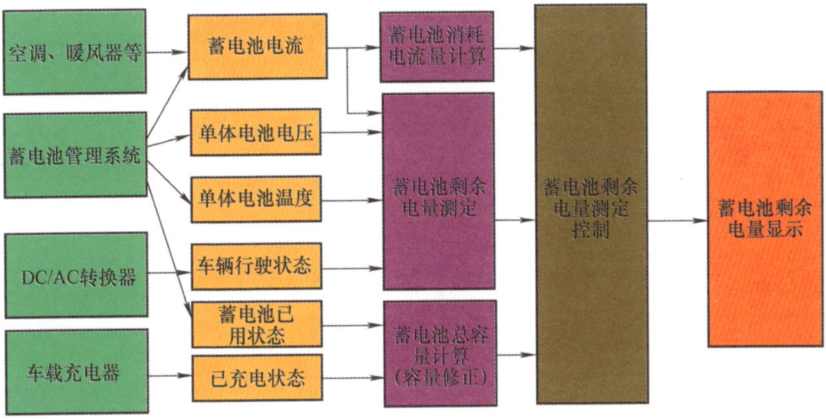

▲ 蓄电池剩余电量测定

4. 纯电动汽车的充电

（1）充电方式

以江淮 IEV5 为例，纯电动汽车的充电方式主要包括快速充电和慢速充电 2 种，用 220V 慢充 8h 或快充 1h 达到 80% 的电量。

快速充电接口（直流充电接口）位于车身左侧后侧围处，被外壳覆盖；慢速充电接口（交流充电接口）位于车前部“发动机进气格栅”处，也被外壳覆盖。

注意：电动车在充电时，尽量采用慢速充电，避免采用快速充电。因为快充会缩短动力蓄电池的使用寿命。

▲ 快速充电接口

▲ 慢速充电接口

（2）充电注意事项

1）在充电作业的操作过程中，不允许周围的人接触操作员、车辆和供电设备。

2）先将充电手柄与充电插座连接，再对充电装置进行操作。

3）充电结束后，要先关闭充电装置，然后将充电手柄与车身分离，并将车身充电器盖子盖好。

4 ）当充电桩出现故障时，立即通过相关专业人员进行解决，操作人员不可任意处置。

5）下雨天也可进行充电，但在充电插拔过程中要注意对插拔充电手柄和充电器的遮雨防护。如果遇到雷雨等极端天气，建议停止充电作业。

6）充电前需检查插座和插孔及导线状态是否良好。

7）充电过程中，不允许插入钥匙并进行起动等操作。

8）充电设备的有些模块内部可能会产生火花，请不要在加油站、有易燃气体或液体的地方进行充电作业。

（3）充电作业

江淮 IEV5 的充电作业时间会受到外界温度影响。例如：温度低于 0℃时，所需要的充电时间比 0℃以上的时间长。快速充电作业由快充站工作人员进行相关操作。下面主要介绍慢充作业，慢速充电作业使用家用电，充电时，需关闭点火开关，并拔出钥匙，具体充电步骤如下：

1）选择 220V/16 A，有可靠接地的三相插座。

2）从行李箱的随车工具箱中取出 7 脚 /3 脚交流充电线（交流充电线分为充电桩用充电线和家用充电线）。

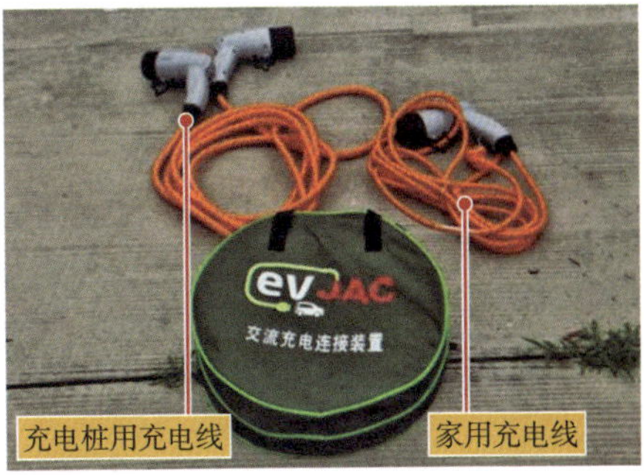

▲ 交流充电线

3）用手轻按慢速充电口小盖右侧中间部位，小盖轻微弹出，拉开小盖。

4）松开塑料卡扣。

5）打开塑料盖。

6）将充电手柄与车身慢速充电口的充电插座相连。

▲ 将充电手柄与车身慢速充电口相连

7）将 7 脚 /3 脚充电插头接入家用电插座（或充电桩）。

▲ 家用电充电

▲ 充电桩充电

8）当 7 脚 /3 脚充电线连接完成后，仪表台上绿色充电状态指示灯会点亮。

9）在充电过程中，仪表台上绿色充电状态指示灯会闪烁。

10）充电完成时，充电状态指示灯会停止闪烁。先拔出 7 脚 /3 脚充电插头，再断开充电手柄与车身慢速充电口充电插座的连接。

11）将车身慢速充电口塑料盖，慢速充电口小盖依次合上盖好。

▲ 充电状态指示灯

5. 纯电动汽车的保养

传统汽车保养主要针对的是发动机系统的保养，需要定期更换机油及机油滤清器等。而纯电动汽车是靠电机驱动，不需要对机油、三滤、传动带等进行常规保养，主要是对纯电动汽车的电气系统、底盘及工作油液进行日常的养护，并保持其清洁即可。下面以江淮 iEV5 纯电动汽车为例，它的保养方法如下。

（1）外观检查

纯电动汽车首先要进行外观检查，包括车外灯、车内灯。接着检查转

▲ 检查车外灯

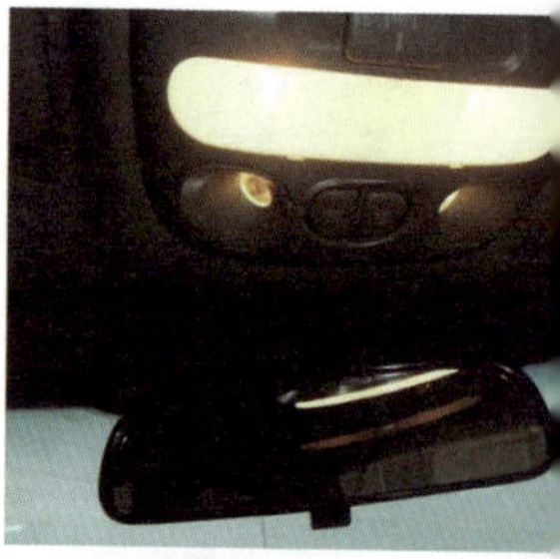

▲ 检查车内灯

向盘、安全带、车内各开关、组合仪表是否正常，电喇叭功能是否正常，再检查刮水器等部件的老化程度。

（2）工作油液检查

① 纯电动汽车也有防冻液，但与传统车辆不同，防冻液是用于冷却电机的，并且也需根据厂家规定的时间进行更换，一般更换周期为 2 年或 4 万 km，而防冻液的种类与传统汽车完全相同。

② 检查洗涤液，如果洗涤液不足，应添加洗涤液。

▲ 检查防冻液

▲ 检查洗涤液

③ 制动液是行车制动系统的工作液，不管车辆行驶多少千米，每 2 年应当更换一次制动液。

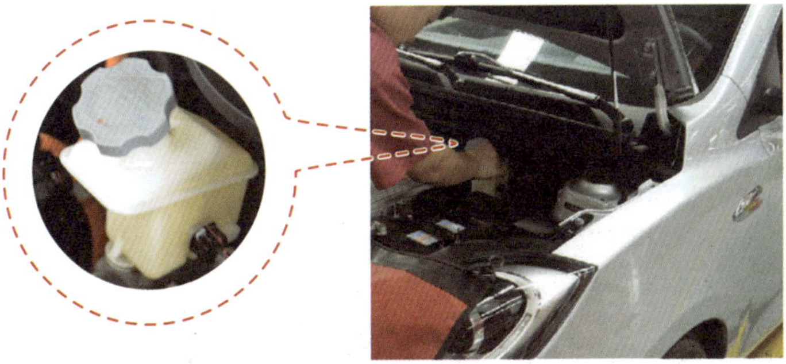

▲ 检查制动液

④ 齿轮油（变速器油）是纯电动汽车需要比较频繁更换的油液，但各厂商的更换周期不同，如江淮 iEV5 汽车齿轮油更换周期为 1 年或 2 万 km。

▲ 排放齿轮油操作

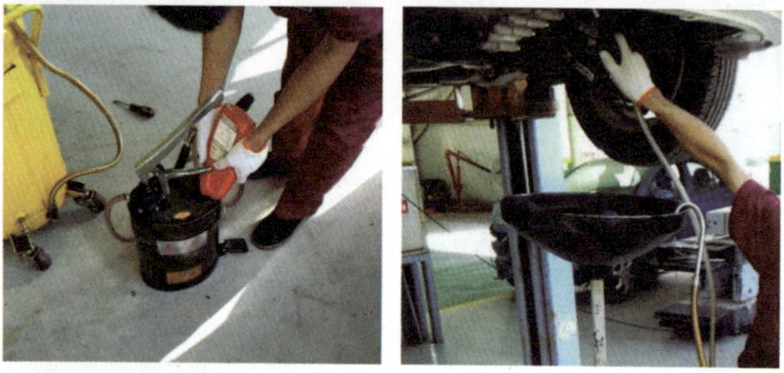

▲ 加注齿轮油操作

（3）检查及更换空调滤芯

如果空调滤芯过脏则必须更换，一般每年或每 1 万 km 更换一次空调滤芯。

① 空调格位置

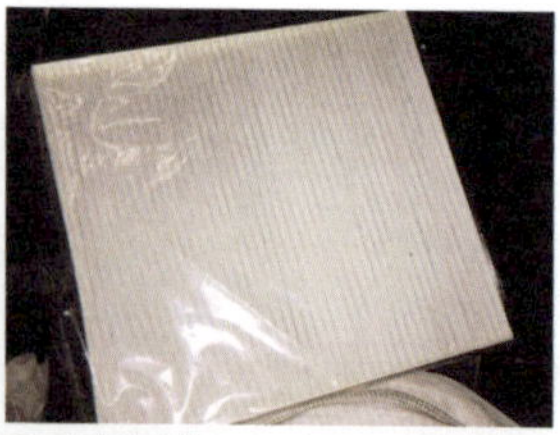

② 空调滤芯

③ 空调滤芯箭头朝下放进空调格底座

④ 装入空调格总成

◀ 更换空调滤芯

（4）底盘检查

检查底盘有无碰撞破损、变形、螺钉松动、油液渗漏等情况，轮胎充气情况及轮胎有无损坏和过度磨损等。

注意：特别要检查底盘的动力蓄电池底壳有无损坏等异常情况。

▲ 检查动力蓄电池底壳

▲ 检查轮胎气压

▲ 清理轮胎砂子等异物

（5）电气系统

1）蓄电池保养

① 首次保养为 3000km 或 3 个月，以后每隔 5000km 或 6 个月应进行保养。保养主要是检查蓄电池有没有异常或损坏。

② 按照正常的车载充电器使用规范充电，使用快充设备快充每周不超过 2 次，具体应以维修保养手册的规定为准。

2）蓄电池维护

① 不要在车辆熄火的状态下，长时间使用车载电器，否则可能造成蓄电池严重亏电，导致车辆无法起动。

② 车辆长时间停放，会导致蓄电池放电。建议断开车辆蓄电池负极电缆。连接或断开车辆蓄电池负极电缆之前，必须确保点火开关已关闭。

3）蓄电池更换（12V 蓄电池）

① 仅限安装与原蓄电池同样类型和规格的蓄电池。应到当地授权售后服务中心拆卸和安装蓄电池。

② 使用后的蓄电池，不可随意丢弃，蓄电池对环境有害，必须由专业机构回收理。

4）检查电动压缩机工作情况，空调制冷是否正常等。如有损坏，则按照规定进行保修或更换。

5）检查动力蓄电池

① 车辆在保养时，4S 店会目视检查动力蓄电池破损等情况，并连接诊断电脑查看动力蓄电池有无故障记录。

② 此外，市面在售的纯电动车都会搭载车载终端系统，该系统用于监控车辆蓄电池状态，在蓄电池状态异常并有潜在危险的情况下，将会把警告信息显示在组合仪表中。

▲ 检查电动压缩机工作情况

▲ 诊断电脑查看动力蓄电池情况

（6）检查机舱

① 纯电动汽车的的机舱绝对不能够用水清理，以避免损坏电机及控制系统，可以采用压缩空气清洁干净。

② 检查机舱内的插接器有无脱落，蓄电池接线柱有无松动等。

注意：高压系统中有交流和直流两种高压电（可高达 230V，甚至 380V 以上），为了避免人身伤害，禁止非专业维修人员随意接触、拆解或安装高压系统中的任何零件。禁止未经培训的人员接触或操作高压动力蓄电池上的手动维修开关。

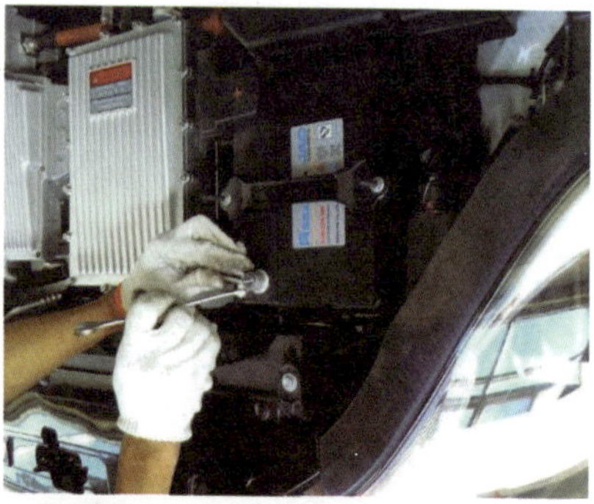

▲ 清洁机舱并紧固蓄电池接线柱

6. 纯电动汽车的应用车型

当前，纯电动汽车被普遍认为是未来汽车新能源动力系统转型发展的主要方向，已经成为世界汽车强国和主要汽车制造商发展重点。纯电动汽车应用车型比较多，可以参见后面的量产“新能源汽车的品牌”中的内容。下面主要介绍纯电动汽车的概念车及跑车。

（1）雪铁龙 Survolt 纯电动概念跑车

雪铁龙公司在 2011 年广州车展上推出一款纯电动概念跑车，雪铁龙 Survolt。尽管纯电动跑车进入赛场还达不到要求，但是它的驾驶乐趣和高性能依然是消费者期望的。

① 雪铁龙 Survolt 搭载了两台电机，动力由两部 31kW · h 锂离子电池组提供，其最大输出功率可达 224kW，该车从静止加速到 100km/h 的时间不到 5s。最高时速可达 260km/h，续航里程可达 200km。当电池组电量耗尽时，可选择使用快速充电器来充电，只需 2h，也可以用 220V 家用电来充电，但是需要 10 h 才能充满。

② 雪铁龙 Survolt 前盖和车门等部件的造型给人以科幻的视觉效果，让人感到科技含量达到极致。车门开关被安置在了门框内侧，轻按然后上掀，车门就能像翅膀一样张开。转向盘是方形的，转向盘中间除了换档时机提示外，蓝色的液晶屏还可以显示出详细的车辆行驶信息。

▲ 雪铁龙 Survolt 外观

▲ 雪铁龙 Survolt 内饰

（2）雪佛兰概念车 CHEVROLET-FNR

在 2016 年北京国际车展上，雪佛兰概念车 CHEVROLET-FNR 全球首发，FNR 的意思为 Find New Roads——探索无限可能，这是一款纯电动概念车。

① 雪佛兰概念车 CHEVROLET-FNR 使用四台独立电机为车辆提供动力，电机带动轮圈及轮胎行驶，但车轮转向角度仅为 10°。

② 该车造型的空气动力学性能超强，车内采用一整块巨大的电子触摸屏来覆盖整个中控台，给人一种驾驶宇宙飞船的感觉。雪佛兰概念车 CHEVROLET-FNR 代表了雪佛兰公司对于未来科技生活的无限畅想。

▲ 雪佛兰概念车 CHEVROLET-FNR

（3）前途 K50 纯电动跑车

前途 K50 最早在 2014 年的北京车展上亮相，该车是由长城华冠设计的一款纯电动跑车。前途 K50 于 2016 年下线量产，预计 2017 年底推向市场，预计售价将达到 70 万元。

① 前途 K50 前轴和后轴上搭载有两台电机，综合最大功率 300kW，峰值转矩达到 650N · m。该车最大续航里程将超过 300km，从静止加速到 100km/h 的时间为 4.6s，速度将超过 200km/h。

② 前途 K50 采用蓄电池中置的布局，并且通过独有的 RESS 可再充电能量储存系统对电池进行严格的恒温控制，确保蓄电池在全路况、全天候下的可靠性和耐久性。通过 VCU 整车控制管理系统，实现对纯电动汽车电驱系统、可充电能源系统、充电系统等的统筹管理及整车控制。

◀ 前途 K50 外观

▶ 前途 K50 内饰

（4）乐视 LeSEE 概念车

在 2016 年北京国际车展上，乐视汽车公司推出首款 LeSEE 纯电动概念车，该车集成了诸多科技配置和车载互联系统。

① 乐视 LeSEE 的车头部分取消了传统汽车上的进气格栅，取而代之的是 LED 光带组成的嘴形造型，整车造型的流线感超强。

② 车顶上凸起的圆形装置是 LeSEE 的自动驾驶传感器，可通过乐视手机对其进行远程遥控，并完成自动驾驶。此外，LeSEE 概念车对外部环境以及行人轨迹都可进行识别，将信息显示在前后面板，通知车外行人以及其他车辆进行行驶预判。

③ 采用对开式车门和四座设计，座椅可以根据乘员体型来自动调整座椅位置并进行记忆。

自动驾驶传感器

▲ 乐视 LeSEE 概念车正面

► 乐视 LeSEE 概念车侧面

第3章

混合动力电动汽车

混合动力电动汽车是指由两种和两种以上的储能器、能源或转换器作驱动能源，其中至少有一种能提供电能的车辆称为混合动力电动汽车。

混合动力电动汽车其实是在电动驱动系统上加入燃烧某种燃料的内燃机。混合动力电动汽车能够通过纯电动方式、内燃机动力或结合使用两种驱动方式实现行驶。混合动力电动汽车的设计目的是减少汽车的污染物排放，提高纯电动汽车的行驶里程。

1. 混合动力电动汽车的标识及优点

（1）混合动力电动汽车的标识

以奥迪 Q5 混合动力电动汽车为例，除了在车型铭牌上有混合动力字母 Hybrid 标识外，发动机室内的装饰盖板、组合仪表上显示屏、翼子板侧、行李箱盖上、登车装饰条上等均有 Hybrid 标识。

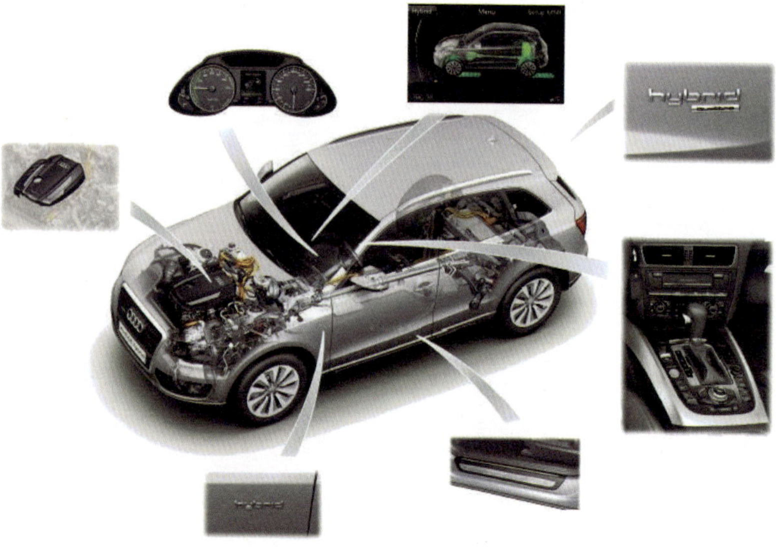

▲ 奥迪 Q5 混合动力电动汽车标识

（2）混合动力电动汽车的优点

混合动力电动汽车的优势在于其可通过平均需用功率确定内燃机的最大功率，使内燃机处于油耗低、污染小的最优工况下工作，它的主要优点如下：

1）采用混合动力后，当大功率内燃机功率不足时，可以由电动驱动系统来补充；当负荷少时，富余的功率可发电给电动驱动系统充电，由于内燃机可持续工作，蓄电池又可以不断得到充电，故其行程和普通汽车一样。

2）电动驱动系统可以十分方便地回收制动时、下坡时、怠速时的能量。

3）在繁华市区，可关停内燃机，由电动驱动系统单独驱动，实现“零”排放。

4）混合动力电动汽车的内燃机可以十分方便地解决耗能大的空调、取暖、除霜等纯电动汽车的不足。

5）混合动力电动汽车可以利用现有的加油站加油，使用方便。

6）电动驱动系统保持在良好的工作状态，不会发生过充电、过放电，延长蓄电池使用寿命，降低成本。

2.混合动力电动汽车的分类

混合动力电动汽车分类的方式有3种，一种是根据是否能外接充电电源区分，另一种是根据结构特点区分，还有一种是根据混合度的不同分类。

（1）根据是否能外接充电电源分类

混合动力电动汽车可分为插电式混合动力汽车和非插电式混合动力汽车两种。

1）插电式混合动力汽车。插电式混合动力汽车（Plug-in Hybrid Vehicle，简称PHV），简单说就是介于电动车与燃油车两者之间的一种汽车。它既有传统汽车的发动机、变速器、传动系统、油路、燃油箱，也有电动车的高压蓄电池、电机、控制电路，而且蓄电池容量比较大，有充电接口。它可充电，也可加油，使用方便。

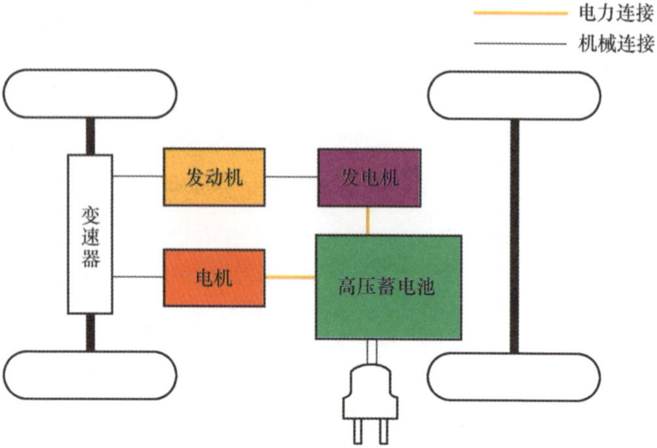

▲ 插电式混合动力汽车示意图

▲ 可充电及加油的插电式混合动力汽车

插电式混合动力汽车蓄电池容量更大，可以支持行驶的里程更长。如果每次都是短途行驶，且有较好的充电条件，插电式混合动力汽车可以不用加油，当做纯电动车使用，具有电动车的优点。其车型代表有宝马 i8、比亚迪秦、保时捷 918、保时捷卡宴 Cayenne S E-Hybrid 等。

▶ 保时捷卡宴 Cayenne S E-Hybrid

2）非插电式混合动力汽车。非插电式混合动力汽车既有传统汽车的发动机、变速器、传动系统、油路、燃油箱，也有电动车的高压蓄电池、电机、控制电路，但蓄电池容量比较小（如雷克萨斯 CT200h 的高压蓄电池容量仅为 6.5A · h），没有充电接口，只能加燃油。

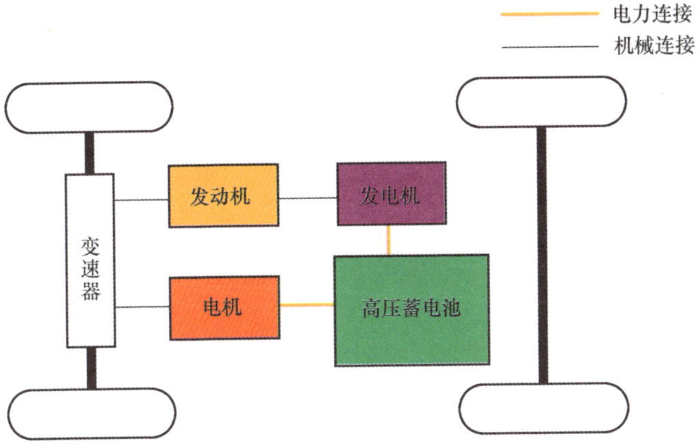

▲ 非插电式混合动力汽车示意图

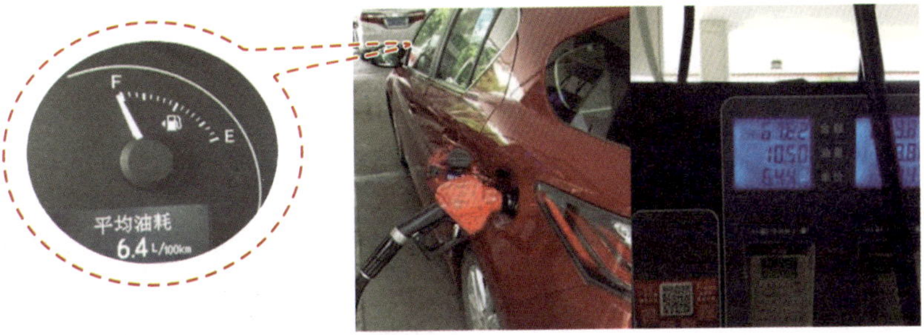

▲ 只能加油的非插电式混合动力汽车

非插电式混合动力汽车通过发动机驱动发电机来给高压蓄电池充电、通过发动机直接驱动车轮行驶，或是电机与发动机两者共同驱动车轮。其代表车型有丰田的普锐斯（Prius）、雷克萨斯 CT200h、凯美瑞尊瑞、广汽 AHEV 混合动力概念车等。

▲ 丰田的普锐斯

▶ 广汽 AHEV 混合动力概念车

（2）根据结构特点分类

根据混合动力电动汽车结构可分为串联式混合动力、并联式混合动力、混联式混合动力。

1）串联式混合动力。串联式混合动力配备为高压蓄电池充电的发动机和发电机，一边始终充电，一边用电机行驶。也可认为是在电动汽车的基础上增加配备了发动机和发电机。其中雪佛兰沃蓝达、宝马 i3 等品牌的轿车为串联式混合动力，它的特点如下：

① 仅靠电机行驶，因此与其他方式相比，电机及发电机为高功率大型产品。

② 将发动机动力全部转变为电力，因此能源效率略低。

③ 驱动力控制及功率输出控制较简单。

④ 发动机以稳定状态运转，因此比较容易实现尾气净化。

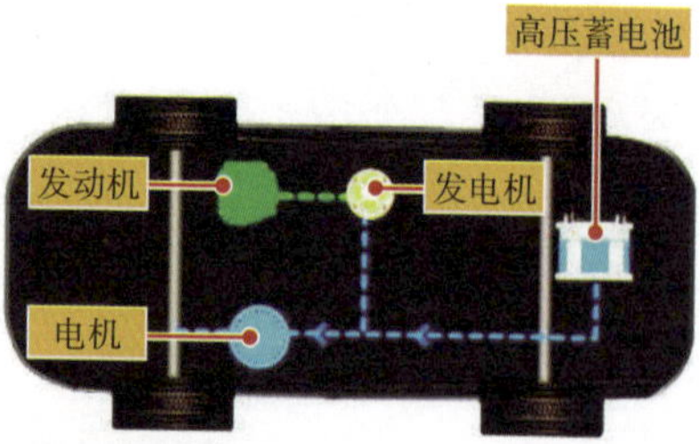

▲ 串联式混合动力

2）并联式混合动力。并联式混合动力有两套驱动系统，大多是在传统燃油车的基础上增加电机、高压蓄电池、控制系统等，电机与发动机共同驱动车轮。车辆只有一台电机，驱动车轮的时候充当电动机，不驱动车轮时充当发电机给高压蓄电池充电。并联式混合动力以发动机为主，电机为辅，电机一般无法单独驱动汽车。系统输出动力等于发动机与电机输出动力之和，其中最具代表性的车型是本田 IMA 系统。并联式混合动力（直接连接）的特点如下：

① 只需在以往车型的发动机与变速器之间追加电机，因此构成简单。

② 电机的功率输出只起辅助作用。几乎不进行电动行驶，因此电机为小型产品。

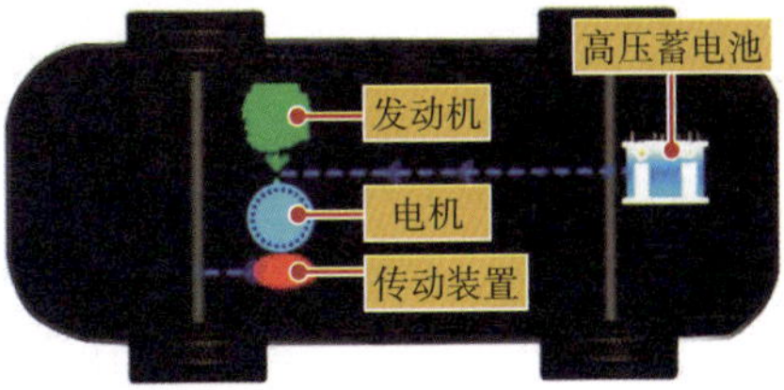

▲ 并联式混合动力

③ 电机兼具发电机作用，因此再生电力只有储存到蓄电池中后才能用于行驶。

④ 通过在发动机与电机之间安装离合器，可进行电动行驶，但这时需要大功率电机。

3）混联式混合动力。混联式混合动力主要靠电机驱动，发动机为辅助的，电机和发动机都能单独驱动汽车。由于系统中配置有独立发电机，因而系统输出的最大动力等于发动机、电机以及充当电动机（部分工况）的发电机的输出动力之和。混联式系统结构复杂，但动力性能和燃油经济性都相当出色，其中代表车型为丰田 THS- Ⅱ 系统。混联式混合动力的特点如下：

① 具备串联方式和并联方式两者的优点，兼顾燃效和行驶性。

② 系统效率较高，因此燃效提高效果显着。

③ 系统及控制较复杂。

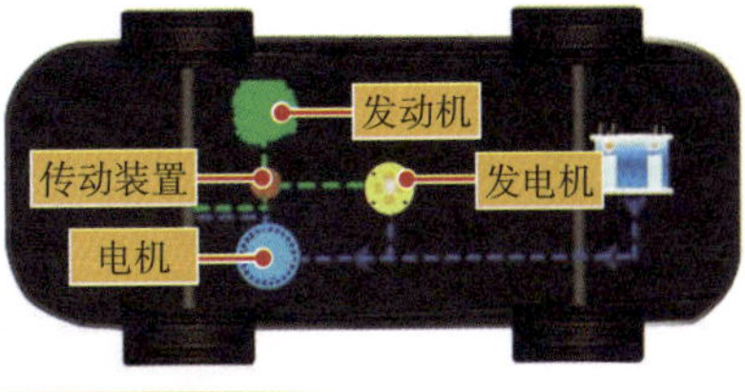

▲ 混联式混合动力

（3）根据混合度的不同分类

根据混合度的不同可分为完全混合动力驱动、中混合动力驱动、微混合动力驱动。

1）完全混合动力驱动。将一台大功率电机（E-Maschine）与内燃机组合在一起，可以以纯电动方式来驱动车辆行驶。当条件许可时，该电机也可以辅助内燃机工作。车辆缓慢行驶时，是纯粹通过电动方式来提供动力的。

可以实现起动 - 停止功能，还有能量回收功能，用以给高压蓄电池充电。内燃机和电机之间有一个离合器，通过它可以断开这两个系统，内燃机只在需要时才接通工作。如丰田的 THS 混合动力系统就是混联式结构的完全混合动力驱动。

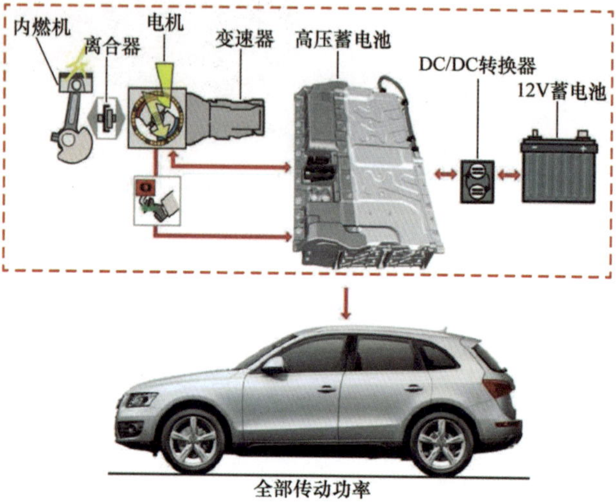

▲ 完全混合动力驱动

2）中混合动力驱动。中混合动力驱动与完全混合动力驱动是一样的，只是它不能以纯电动方式驱动车辆来行驶。它也有能量回收、起动 - 停止以及助力（Boost）功能。如本田的 IMA 混合动力系统就是采用并联式结构的中混合动力驱动。

中混合动力驱动采用的是高压蓄电池供电的电机。另外，中混合动力驱动还增加了一个功能：在汽车处于加速或者大负荷工况时，电机能够辅助驱动车轮，从而补充发动机本身动力输出的不足，从而更好地提高整车的性能。中混合动力驱动的混合程度较高，可以达到 30% 左右，目前技术已经成熟，应用广泛。

3）微混合动力驱动。微混合动力驱动的电机（起动机 / 发电机）只是用来执行起动 - 停止功能。一部分动能在制动时又可作为电能使用（能量回收）。微混合动力驱动不能以纯电动方式驱动车辆来行驶。如别克君越 eAssist 就是采用了微混合动力驱动。

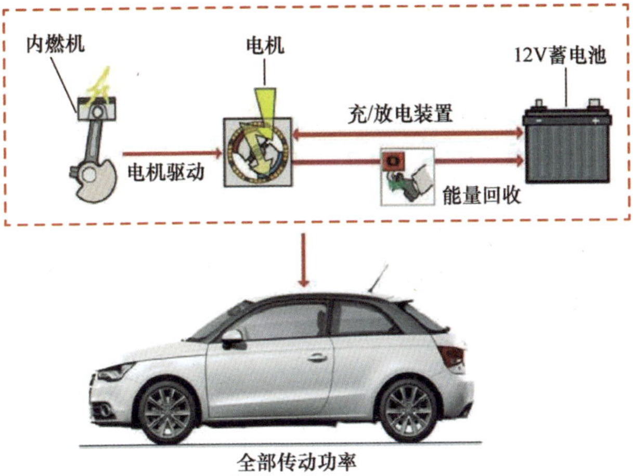

▲ 微混合动力驱动

3. 非插电式混合动力汽车

（1）系统结构及主要部件

以奥迪 Q5 Hybrid 混合动力轿车为例，非插电式混合动力汽车主要由发动机、电机、高压蓄电池、高压电缆等构成。其中电机安装在发动机和变速器之间，通过辅助发动机工作达到增加动力和减少油耗的目的。

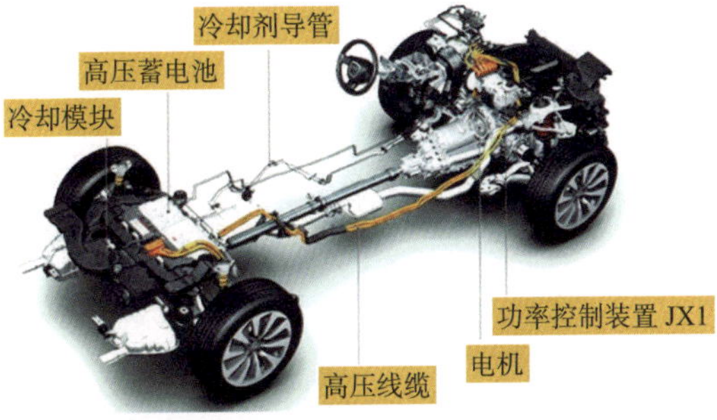

▲ 非插电式混合动力汽车结构

1）发动机。发动机采用2.0T发动机，在搭配了一个电机后最大功率达到了180kW，具体参数如下：

2.0T 发动机

参　　数	内　　容
发动机代码	CHJA
结构形式	四缸直列发动机和三相交流电机及发电机
排量 /mL	1984
内燃机功率（kW）/ 转速（r/min）	155/4300～6000
系统功率 /kW	180
内燃机转矩（N·m）/ 转速（r/min）	350/1500～4200
系统转矩 /N·m	480
纯电动驱动时的最高车速 /（km/h）	100
纯电动驱动时的可达里程 /km	3（车速为60km/h时）
每缸气门数	4
缸径 /mm	82.5
行程 /mm	92.8
压缩比	9.6 : 1
传动形式	8档自动变速器（四驱）
发动机管理系统	MED 17.1.1
燃油	高级无铅汽油
排放标准	欧Ⅴ
CO_2 排放 /（g/km）	159
混合动力部件所增加的额外重量 /kg	<130

2）发动机控制单元 J623。发动机控制单元 J623 主要功能包括控制内燃机工作、控制温度管理系统。此外，它还是车辆混合动力功能的管理器。

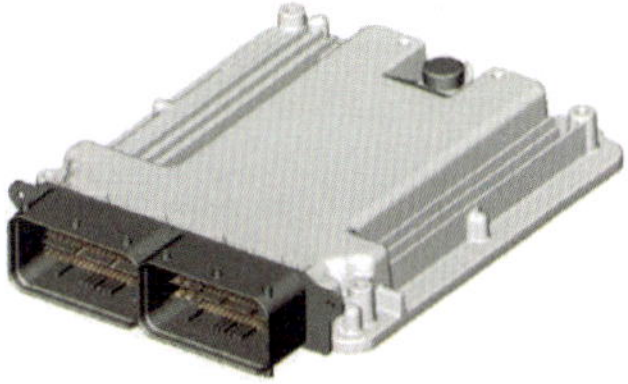

▲ 发动机控制单元 J623

混合动力功能的管理器决定是否要用电动方式来驱动车辆，并将驾驶人期望的车速通知功率控制电子系统。发动机控制单元在执行温度管理功能时会控制所有冷却液的循环过程。

3）混合动力蓄电池单元。混合动力蓄电池单元 AX1 在行李箱内的备胎坑中，它由高压蓄电池 A38、蓄电池调节控制单元 J840、高压系统保养插头接口 TW、安全插头接口 TV44、高压线束接口 PX1、12V 车载电网接口组成。在混合动力蓄电池单元壳体内，集成有用于吸入和排出冷却空气的接口。此外，在该壳体上装了一个有害气体通气管，主要用来将高压蓄电池有故障时产生的有害气体引至车底部位。

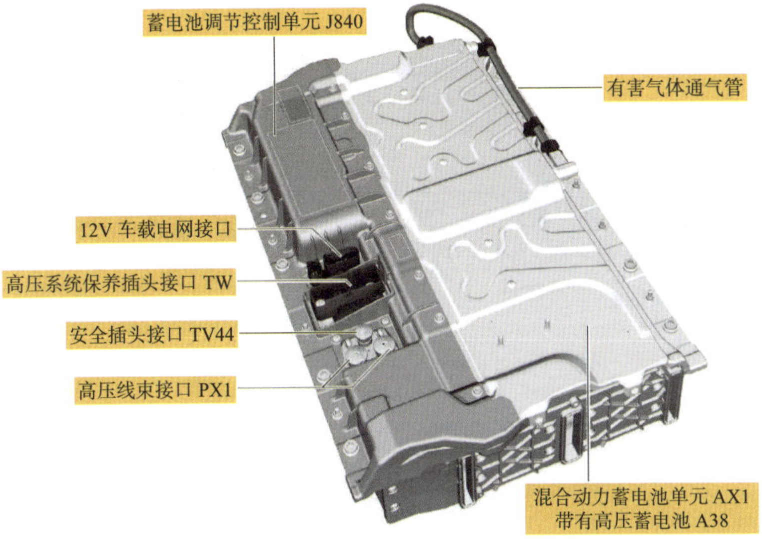

▲ 混合动力蓄电池单元

① 高压蓄电池 A38。高压蓄电池 A38 集成在混合动力蓄电池单元 AX1 内。有一个电流传感器用于在充电和放电时检测电流。另有一个电压传感器用于检测高压触点前、后的电压。高压触点在“15 号线接通”的情

况下是闭合的（接通的）；在“15 号线关闭”的情况下或者有碰撞信号时，高压触点是断开的。高压蓄电池的充电状态保持在 30%~80% 之间，充电情况的这种限制，可以明显提高高压蓄电池的寿命。组合仪表上的蓄电池是以 0% 或 100% 来显示的。充电状态作为一个信息通过混合动力 CAN 总线传输。

在达到了起动能力最低极限值时 (高压蓄电池充电状态低于 25%）或者是没能起动发动机，那么发动机控制单元会给仪表显示发送一个信息，随后就会显示“车辆现在无法起动”这个内容。如果充电状态低于 20%，发动机不允许起动。在纯电力驱动行驶时，高压蓄电池给高压电网和 12V 车载电网同时供电。

② 蓄电池调节控制单元 J840。蓄电池调节控制单元 J840 集成在混合动力蓄电池单元 AX1 的左侧，该控制单元与混合动力 CAN 总线和驱动 CAN 总线相连。蓄电池调节控制单元 J840 检测高压蓄电池的温度，并通过冷却模块来调节高压蓄电池冷却状况。蓄电池调节控制单元 J840 查明并分析充电状态、各电池格电压和蓄电池电压的信息，然后将这些信息通过混合动力 CAN 总线传至发动机控制单元。

▲ 高压系统保养插头接口 TW

③ 高压系统保养插头接口 TW。高压系统保养插头是高压蓄电池两个部分之间的电桥，如果拔下了这个高压系统保养插头，那么这两部分的连接就断开了，这时高压系统电压就被关闭，检查电动驱动系统才会安全。

④ 安全插头接口 TV44。安全插头接口 TV44 主要是安装安全线，而安全线是一种安全结构，它包含一个机械元件和一个电气元件。安全线的作用是：一旦将某个高压部件与电网分离了，安全线会保证电网处于无电压状态。另外，安全插头与锁环一起构成了一个机械锁，该锁可防止高压线在已加电时被拔出。

注意：安全线就像一个电气开关，如果拔下了安全插头，那么这个开关就断开了，高压系统也就被关闭。在拔下高压元件的高压线前，必须拔下安全插头，这样就可保证在拔高压线时，整个系统是不带电的（无电压）。

⑤ 高压线束接口 PX1。高压线束接口 PX1 主要是高压蓄电池向电动驱动系统供电。

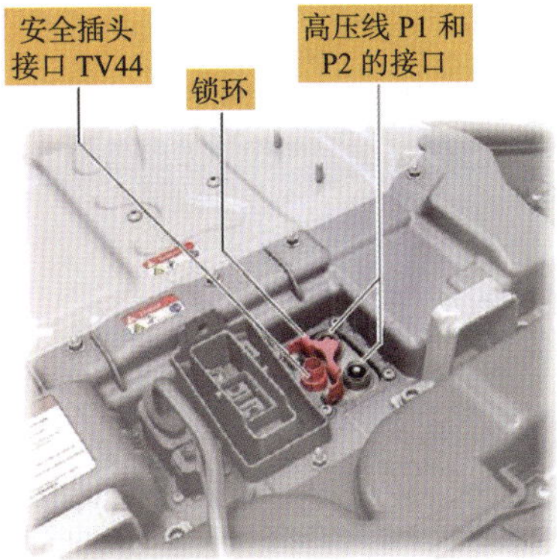

▲ 安全插头接口 TV44

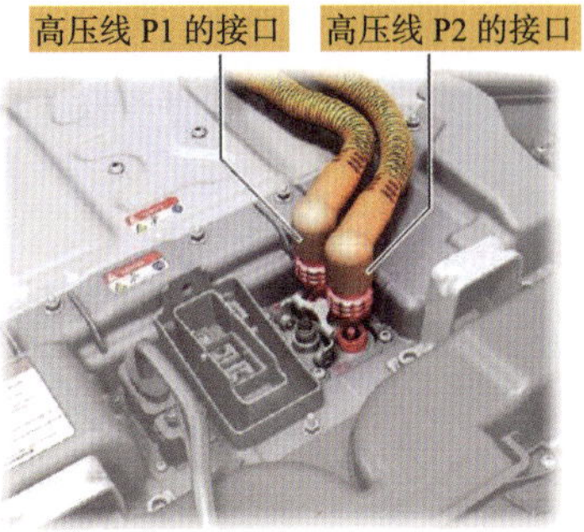

▲ 高压线束接口 PX1

4）冷却模块

① 冷却模块结构特点。高压蓄电池有一个冷却模块，该模块上有自己的蒸发器，并连接在电动空调压缩机的冷却液循环管路上，这个冷却模块使用 12V 的车载电网电压工作。冷却模块的部件包括蓄电池风扇 V457、混合动力蓄电池循环空气翻板 1 的伺服电动机 V479、混合动力蓄电池循环空气翻板 2 的伺服电动机 V480、混合动力蓄电池蒸发器前的温度传感器 G756、混合动力蓄电池蒸发器后的温度传感器 G757、混合动力蓄电池冷却液截止阀 1 N516、混合动力蓄电池冷却液截止阀 2 N517。另外，在混合动力蓄电池壳体与高压蓄电池两个部分之间，安装了 6 个温度传感器，每个传感器都位于冷却模块上的蓄电池冷却空气入口或出口处。

② 控制过程。如果蓄电池管理控制单元通过蒸发器前传感器 G756 或者蒸发器后传感器 G757，探测到蓄电池的温度过高了，那么控制单元就会接通风扇 V457。控制单元内设置了冷却功能模型，根据具体温度情况，在蒸发器工作时可从新鲜空气模式切换为循环空气模式。发往自动空调控制单元 J255 的冷却功率请求分为三级，鼓风机转速由蓄电池调节控制单元 J840 通过 LIN 总线来控制。

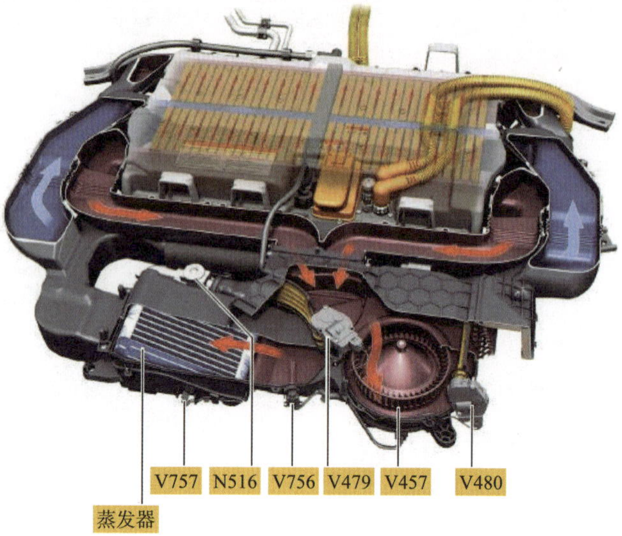

▲ 冷却模块结构

5）电机

① 电机 V141 安装在发动机和 8 档自动变速器之间的空隙处（取代了变矩器）。该电机是永磁同步电机，由一个三相电磁场来驱动。转子上装备有永久磁铁（由钕 - 铁 - 硼材料制成）。电机由电驱动控制单元 J841 和功率控制装置 JX1 来操控，通过改变频率来调节转速，通过脉冲宽度调制来调节转矩。通过功率控制装置 JX1 来将 266V 的直流电转换成三相交流电，这个三相交流电可在电机内产生一个三相电磁场。

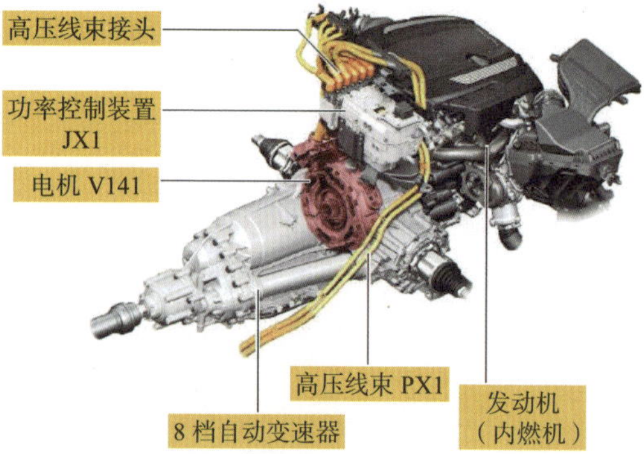

▲ 电机及其控制部件的位置

② 电机用于起动发动机（内燃机）、在发电机模式时借助于功率控制装置 JX1 内的 DC/DC 变压器，来给高压蓄电池和 12V 蓄电池充电。奥迪 Q5 Hybrid 混合动力轿车可使用这个电机来以纯电动方式驱动车辆行驶（但是

车速和可达里程是受限制的)，且该电机可在电动加速(E-Boost)时给内燃机提供助力，此时电机和内燃机都会发出最大功率(合计总功率很大)。这两种驱动方式各自功率合在一起，就是传动系统的总功率。

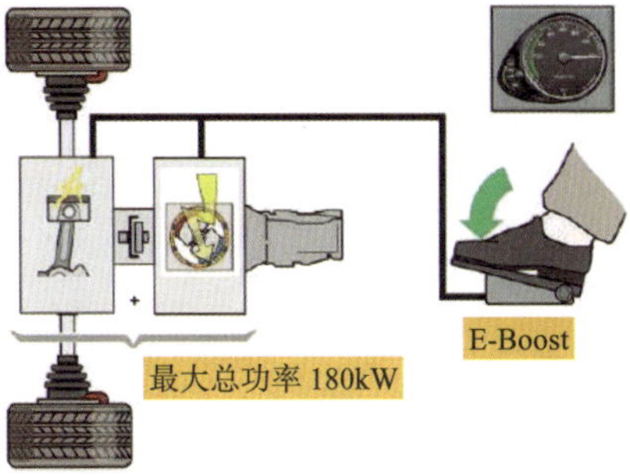

▲ 电动加速功能

③ 电机由定子(带有电磁线圈)、转子(带有永久磁铁)、铝壳体、轴承盖(用于连接到自动变速器的变转器上)、分离离合器、高压线束接头等组成。电机是水冷式的，它集成在发动机的高温循环管路上。冷却液是由高温循环管路冷却液泵 V467 根据需要情况来进行调节(分三级)，该泵由发动机控制单元 J632 来操控。电机温度传感器 G712 是个负温度系数电阻(NTC 电阻)，它测量电机线圈间的温度。如果这个温度高于 180 ~ 200℃，那么电机的功率就被降至零(在发电机模式和电动行驶时)。重新起动发动机取决于电机的温度，必要时可通过 12V 起动机来起动。

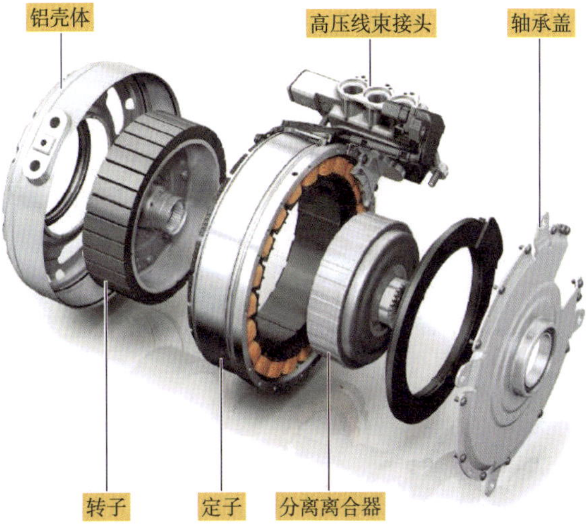

▲ 电机内部结构

④ 电机温度传感器。电机温度传感器 G712 用于测量电机线圈间的温度，通过一个温度模型来判定出该电机的最热点。这个温度传感器的信号用于操控高温循环的冷却能力。这个冷却循环管路是进行温度管理的组件。通过一个电动冷却液辅助泵和接通内燃机的冷却液泵，可实现让冷却液从静止（不流动）到最大冷却能力之间的调节。

注意：电机温度传感器要是出故障了，那么组合仪表上就会显示黄色的混合动力系统警告灯。这时驾驶人必须到就近的维修站维修。但车辆这时可以继续靠发动机行驶。

⑤ 电机转速传感器。电机转速传感器 G713 用于侦测转子位置和转子转速。发动机管理系统和变速器管理系统根据电机转速传感器传来的信号，来判断电机是否转动，以及转速是多少。该信号用于操控电机（E-Maschine）是否做发电机使用、做电动机使用、是否做内燃机的起动机使用的功能。

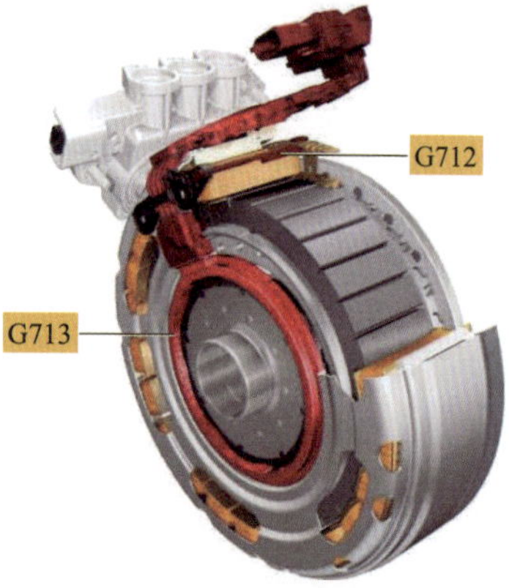

▲ 电机温度传感器及电机转速传感器位置

6）功率控制装置 JX1。功率控制装置 JX1 由电驱动控制单元 J841、交流电驱动装置 VX54、牵引电机 DC/AC 转换器 A37、变压器 A19 和中间电容器 C25 组成。电驱动控制单元 J841 是混合动力 CAN 总线和驱动 CAN 总线的用户。

① 牵引电机 DC/AC 转换器 A37 将高压蓄电池的直流电转换成三相交流电，供交流电动机使用。在能量回收时和发电机工况时，会将三相交流电转换成直流电，用于给高压蓄电池充电。转速是通过改变频率来进行调节的。比如在转速为 1000r/min 时，供电频率约为 267Hz。转矩是通过脉冲宽度调制来进行调节的。

② 变压器 A19 用于将高压蓄电池（266V）的直流电压转换成较低的车载电网用直流电压（12V）。

③ 中间电容器 C25 用作电机（E-Maschine）的蓄能器。在“15 号线关闭”

或者高压系统切断（因有撞车信号）时，该中间电容器会主动放电。

功率控制装置 JX1 参数

参数	内容
DC/AC	266V 额定 DC，189V 有效 AC
AC 恒定电流	240A 有效
AC 峰值电流	395A 有效
AC/DC	189V 有效，266V 额定
电机 (E-Maschine) 驱动	0 ~ 215V
DC/DC	266V 到 12V 以及 12V 到 266V（双向的）
DC/DC 功率 /kW	2.6
重量 /kg	9.3
体积 /L	6

7）高压系统及线束连接。高压系统线路段包括从高压蓄电池到功率控制装置 JX1 的两根高压线（P1，P2）、从功率控制装置 JX1 到电机的三根高压导线（P4,P5,P6）、从功率控制装置 JX1 到电动空调压缩机的一根双芯高压线（P3）。

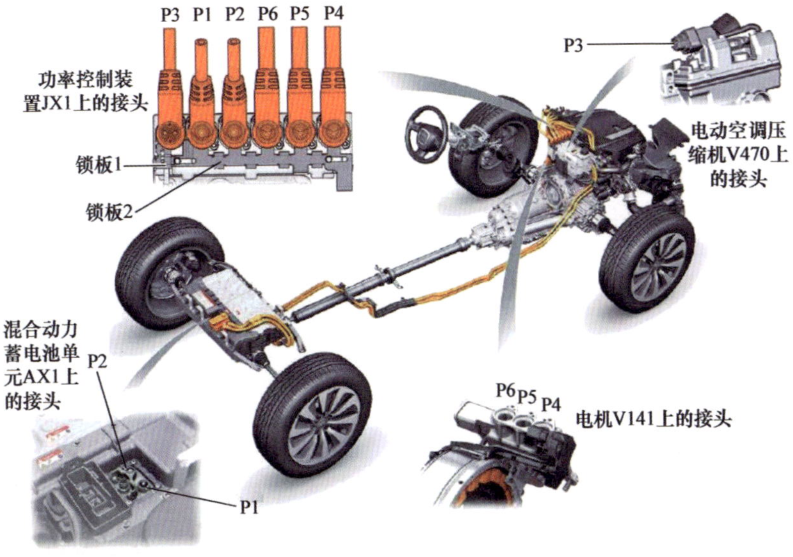

▲ 高压系统及线束连接

① 高压插头。高压系统的所有电缆都是橙色的，高压线都有机械编码并用一个插接环下面的颜色环做上了标记。另外，高压线的圆形触点上也有机械编码。在高压车载电网中，所有插头都有防接触层，所有高压导线都套有厚厚的绝缘层和一个波纹管（多加了一层抗刮磨层）。

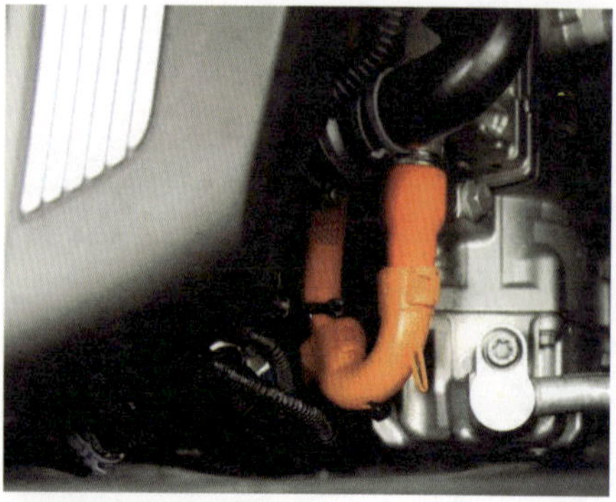
▲ 高压系统的橙色电缆

高压接头知识

接头特点			
高压系统线路段	编号	环颜色和局部颜色	状态
功率控制装置 JX1—混合动力蓄电池高压线束 PX1	P1	红色	T+ (HV-Plus)
	P2	棕色	T- (HV-Minus)
功率控制装置 JX1—电动空调压缩机	P3	红色	—
功率控制装置 JX1—电机高压线束 PX2	P4	蓝色	U
	P5	绿色	V
	P6	紫色	W

接头触点

高压接头 P3 与其他高压接头（P1、P2、P4、P5、P6）是不同的，该接头是双芯的，且有一个双圆形触点和两个用于安全线的触点

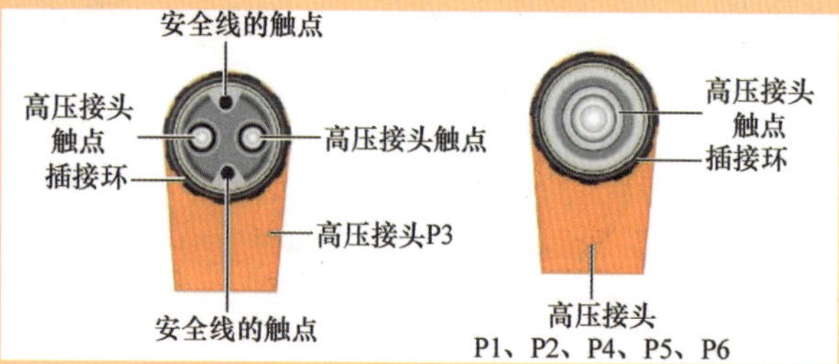

（续）

接头编码环

如果向上拔出并松开插接环，就能看见环编码的颜色；在插上了接头后，必须向下压插接环，直至其卡止，这样才算真正接好

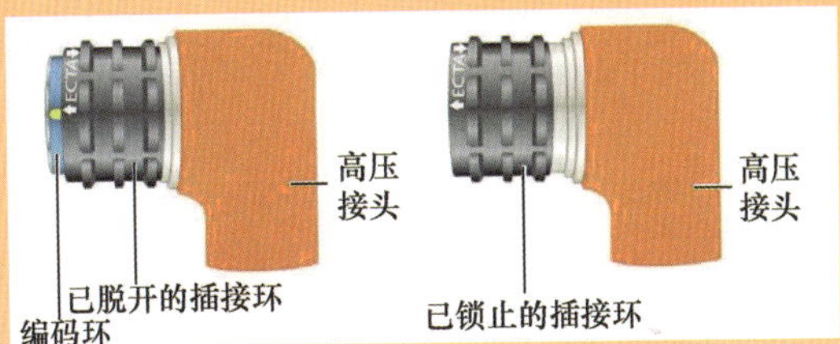

接头机械编码

除了通过颜色环来标出编码外，高压接头和接口上还有机械编码。编码的位置用黄色标记标出

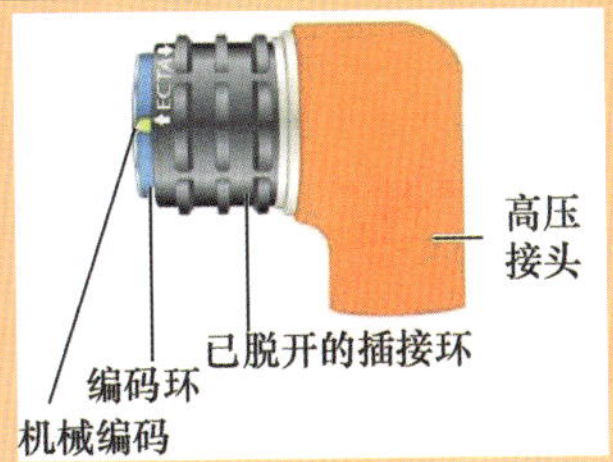

② 功率控制装置 JX1 的连接

功率控制装置 JX1—混合动力蓄电池高压线束 PX1

高压蓄电池和功率控制装置 JX 是通过两根橙色的高压线连接的。这两根电缆是单极的，都有屏蔽功能，各有各自的电位

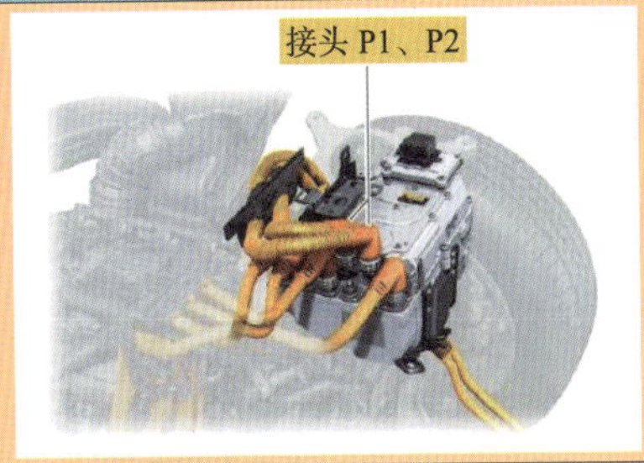

功率控制装置 JX1—电动空调压缩机

电动空调压缩机是通过一根双芯电缆与功率控制装置 JX1 相连的。采用颜色标识和机械标识来防止弄混高压线。该电缆是双极的，带有屏蔽功能和安全线。如果将该电缆两个接头中的一个拔下了，那么这就相当于拔下了安全接头，就是说高压系统被关闭了

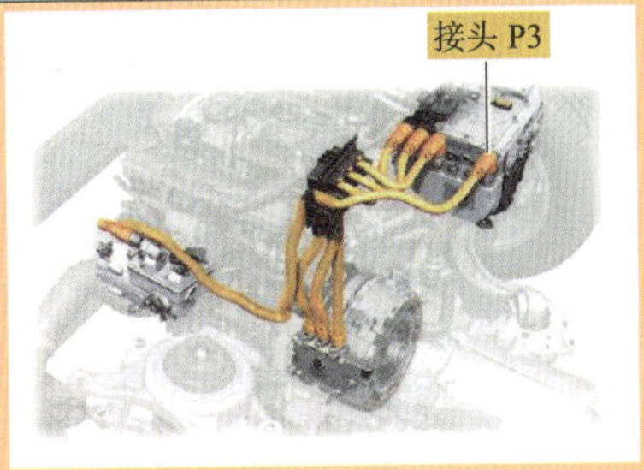

（续）

功率控制装置 JX1—电机高压线束 PX2	
在功率控制装置 JX1 内，将高压蓄电池的 266V 直流电通过 DC/AC 转换器转换成三相交流电，用于驱动电机。电机与功率控制电子装置 JX1 是通过三根短的高压电缆连接的。这几根电缆是单极的并带有屏蔽功能，与其他电缆一样也都有颜色标识和机械标识，以免彼此弄混	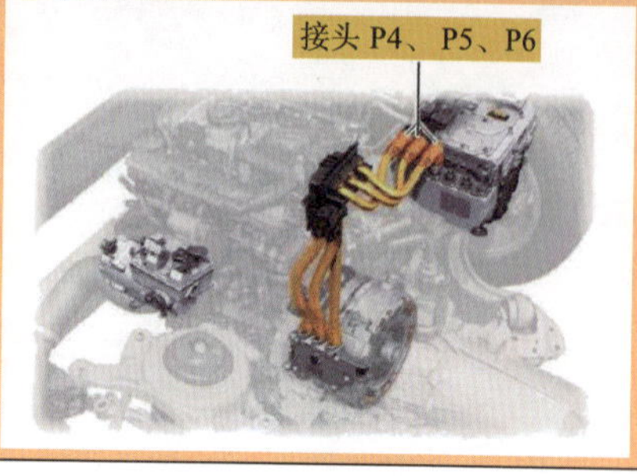

8）12V 车载供电网

① 12V 车载供电网由电机（交流驱动的）和功率控制装置 JX1 的 DC/DC 转换器来供电。还有一个备用蓄电池 A1（12Ah）安装在左后侧围板内。蓄电池监控控制单元 2-J934 连接在数据总线诊断接口 J533 的 LIN 总线上。这个备用蓄电池在“15 号线接通”时由蓄电池分离继电器 J7 来接通。

② 辅助起动机只在特定情况下用于起动发动机（内燃机）。这时，蓄电池 A 就由发动机控制单元通过起动蓄电池转换继电器 J580 来与车载供电网断开了，以便将全部能量都用于起动机。断开后的车载电网由备用蓄电池 A1 和 DC/DC 转换器来供电。要想使用这个 12V 辅助起动机，备用蓄电池的温度不能低于 0℃。如果高压系统无法使用的话，那么也就无法使用 12V 辅助起动机。

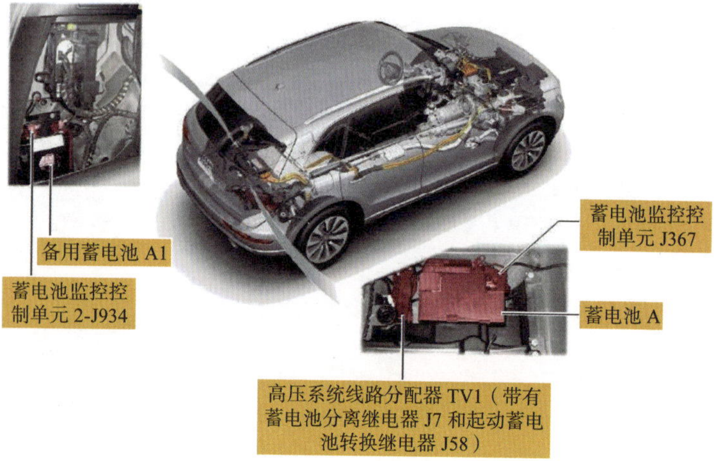

▲ 12V 车载供电网

（2）系统原理

1）主要部件位置。以奥迪 Q5 Hybrid 混合动力轿车为例，使用电机来驱动行驶时所用到的部件包括电机 V141、电驱动控制单元 J841、混合动力蓄电池单元 AX1 等。系统工作时，所有参与行驶的车辆系统之间要交换大量的输入和输出信号。因此，发动机管理系统、变速器管理系统和混合动力调节系统之间的彼此配合必须非常精确。对于内燃机驱动和电动驱动来说，发动机控制单元是上级控制单元（就是主控制单元）；电驱动控制单元是下级控制单元（就是从属控制单元）。

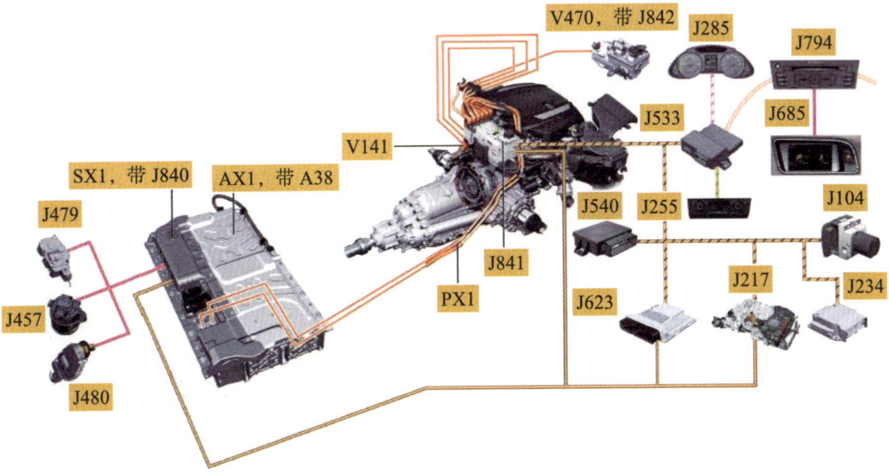

▲ 主要部件位置

AX1- 混合动力蓄电池单元 PX1- 混合动力蓄电池高压线束 SX1- 接头和配电盒 A38- 高压蓄电池 J104-ABS 控制单元 J217- 自动变速器控制单元 J234- 安全气囊控制单元 J255- 自动空调控制单元 J285- 组合仪表内控制单元 J457- 蓄电池风扇 J479- 混合动力蓄电池循环空气翻板 1 的伺服电动机 V141- 电机 J480- 混合动力蓄电池循环空气翻板 2 的伺服电动机 V470- 电动空调压缩机 J533- 数据总线诊断接口 J540- 电子式驻车制动器 J623- 发动机控制单元 J685-MMI 显示器 J794- 信息电子控制单元 1 J840- 蓄电池调节控制单元 J841- 电驱动控制单元 J842- 电动空调压缩机控制单元

2）动力驱动过程。以奥迪 Q5 Hybrid 混合动力轿车为例，混合动力驱动系统可以采取两种方式进行行驶（纯电动 EV 或混合动力电动 HEV），可以通过分离离合器进行功能的控制。

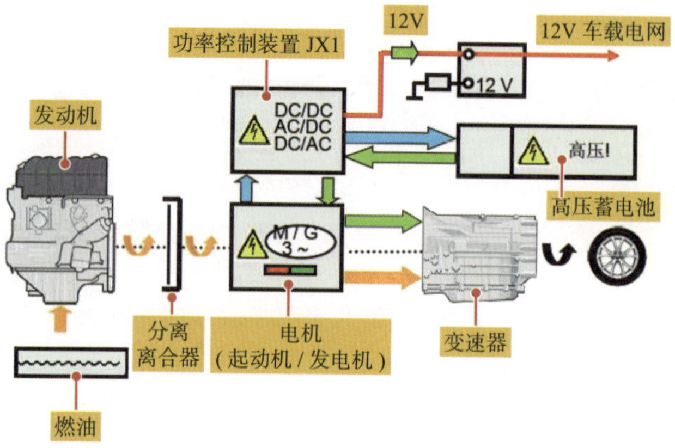

▲ 动力驱动过程

（3）系统的操作功能及组合仪表显示

1）系统的操作功能。按下 EV 按钮，奥迪 Q5 Hybrid 混合动力轿车可在纯电动驱动状态下行驶 3km（60km/h 的速度匀速驾驶），高压蓄电池耗尽后，将重新起动发动机，并为高压蓄电池充电。

▲ 系统的操作功能

2）组合仪表显示

驱动方式	图　　示
① 显示仅用发动机来驱动车辆行驶 内燃机符号、高压蓄电池符号和远离车轮的黄色箭头表示现在是以发动机来驱动车辆行驶的	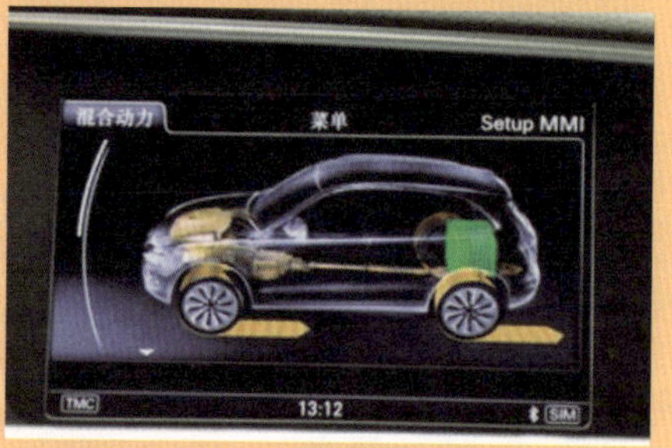

（续）

驱动方式	图　　示
② 显示仅用电机 (E-Maschine) 来驱动车辆行驶 高压蓄电池符号和远离车轮的绿色箭头表示正在用高压蓄电池来驱动，且电机正在工作	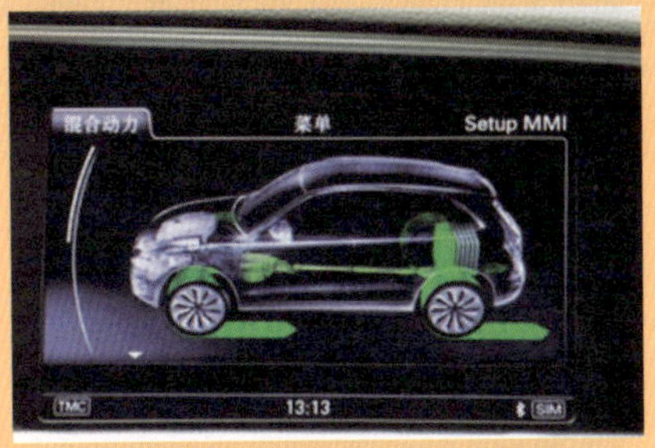
③ 显示同时使用电驱动和发动机驱动车辆行驶 内燃机符号、高压蓄电池符号和远离车轮的黄色 - 绿色箭头表示正在用发动机、高压蓄电池和电机共同驱动车辆行驶	
④ 显示车辆滑行时的能量回收 高压蓄电池符号和指向车轮的绿色箭头表示正在回收能量且正在给高压蓄电池充电	
⑤ 显示停车和发动机运转 内燃机符号、高压蓄电池符号和指向车轮的绿色箭头表示发动机正在运转且正在给高压蓄电池充电	

4. 插电式混合动力汽车

（1）系统结构及性能

1）系统结构。以奔驰 C350 插电式混合动力轿车为例，混合动力驱动系统可实现连接充电插座而对高电压蓄电池进行外部充电。

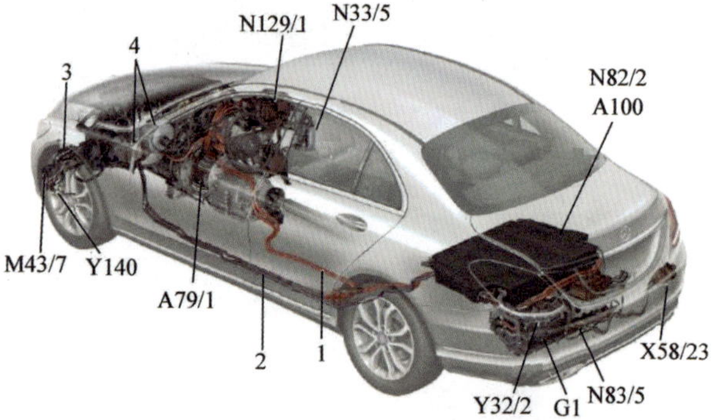

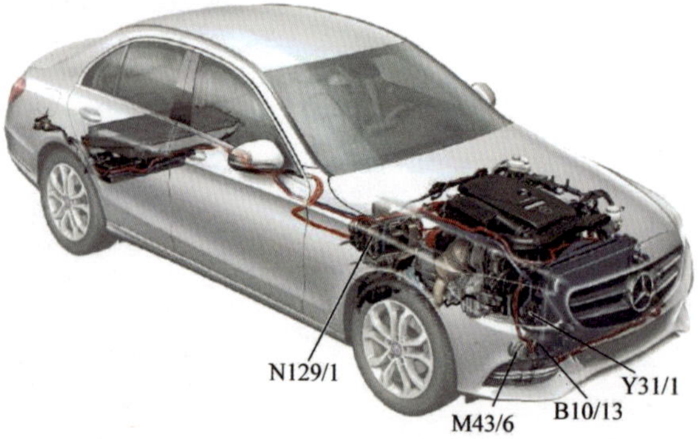

▲ 奔驰 C350 插电式混合动力轿车高电压部件位置

1- 高压电缆　2- 冷却液管路　3- 热交换器　4- 再生制动系统（制动助力器和电控车辆稳定行驶系统 ESP 控制单元）　A79/1- 电机　A100- 高电压蓄电池（蓄电池、接触器、冷却液入口的温度传感器、高电压蓄电池单元温度传感器）　G1- 车载电网蓄电池　M43/7- 低温回路循环泵 2　N82/2- 蓄电池管理控制单元　N33/5- 高电压正温度系数（PTC）辅助加热器　N83/5- 充电器（车载充电器）　N129/1- 电力电子装置控制单元　X58/23- 充电装置供电插座　Y32/2 - 低温回路转换阀 2　Y31/1 低温回路转换阀 1　Y140- 高电压蓄电池冷却转换阀　B10/13- 低温回路温度传感器　M43/6- 低温回路循环泵 1

2）系统性能

主要部件性能	图　　示
① 发动机　奔驰 C350eL 使用一台 2.0L 涡轮增压发动机，配合后轮电机组成的插电式混合动力系统，其中 2.0L 涡轮增压发动机最大功率 155kW，最大转矩 350N · m。电机最大功率 60kW，最大转矩 340N · m。两者协同工作的最高输出功率可达 205kW，最大转矩为 600N · m	
② 高电压蓄电池　高电压蓄电池作为蓄能器并为高电压组件提供所需的电能。电压范围（直流电压）176 ~ 317 V，电池能量约 6.2kW · h	
③ 集成式电力电子装置　集成式电力电子装置由一个 DC/DC 转换器和一个 DC/AC 转换器组成。DC/DC 转换器不仅能为车辆提供低电压（12 V 车载电气系统），还能持续提供 210 A 并在短时间内提供最大 240 A 的电流强度	
④ 电机　电机内含有集成式转子位置传感器、集成式温度传感器、定子、转子等部件。电机安装在 NAG2 变速器内，它主要是将电能转换为动能。此外，还可实现以下功能 – 通过电机的制动力矩实现能量回收 – 电动起步、电动运行、航行 – 助力（在极端加速要求时为内燃机提供额外的电动转矩） – 发电机模式（降低一定的内燃机转矩，用于发电）	
⑤ 充电器　充电器功能如下： – 将 AC 输入电压转换为 DC 输出电压，以便为高电压蓄电池充电 – 控制与车辆插座的通信 – 充电插头识别（防止带着充电电缆插头起步） – 控制与公共充电站的通信（费用结算或智能充电） – 通过引导控制监控充电过程	

（2）系统原理

奔驰 C 350 e L 插电混合系统采用了 ISG 集成起动发电一体机方式，即发动机、电机和变速器为串联的结构，它们之间都采用了离合器进行连接。这个动力系统主要通过发动机、电机、高电压蓄电池、变速器以及电源控制系统联合工作，实现车辆的驱动。

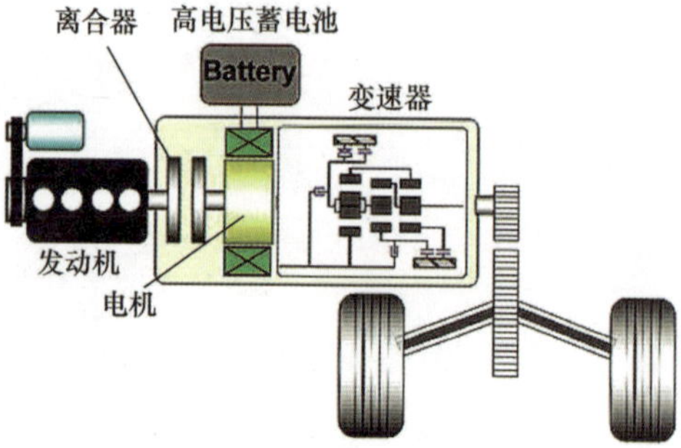

▲ 奔驰 C 350 e L 插电混合系统原理

（3）组合仪表及能量流显示

1）组合仪表特点

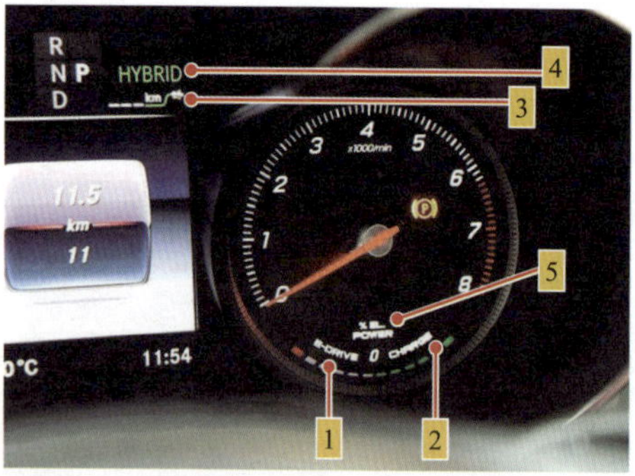

序　　号	内　　容
1	显示电机目前的输出功率，如果最后的块状指示条填满，则发动机起动
2	在此显示再生制动系统的充电电能，如果最后的块状指示条填满，则电机的制动力不足，将启用液压制动系统
3	在此显示电量可行驶距离（取决于驾驶方式、蓄电池的电量状态……）
4	在此显示当前选择的运行模式
5	剩余电量显示

2）能量流显示

驱动方式	图　示
① 显示发动机驱动模式 车辆处于行驶中，由发动机输出的功率仅传输到后轴上。高电压蓄电池不充电（如在急加速时，以便前行驱动机构有充足的功率可用）	
② 显示能量回收模式 能量回收就是车辆的动能（如下坡行驶路段和轻踩踏制动踏板）将被电机转化为电能，以便为高电压蓄电池充电。动力传输从后轴传输到电机、电力电子装置，然后传输到高电压蓄电池，此时，电机生成制动力矩。如该制动力矩不足，则 ESP 系统将启用液压制动器	
③ 显示电机驱动模式 在电机驱动模式下，高电压蓄电池中的能量经由电力电子装置转化为三相交流电压，以驱动电机。生成的转矩将传递到后轴，发动机在此状态下熄火	
④ 显示发动机驱动 + 充电模式 车辆处于采用发动机机的驾驶模式，同时电机作为发电机运行，以便为高电压蓄电池充电	
⑤ 显示发动机 + 电机驱动模式 驾驶人需要极高的功率，此时发动机工作，而且电机进行协助驱动，以便提供尽可能高的功率 / 转矩	

（4）驾驶模式功能

驾驶时取决于所选的驾驶模式，不仅驱动机构（发动机/变速器管理）、底盘、转向系改变，而且混合动力系统也改变。可用驾驶模式选择(DYNAMIC) 开关选择相应的驾驶模式。

▲ 驾驶模式选择开关

驾驶模式	内　容
S+（运动增强）	① 极致运动型驾驶方式 ② 频繁使用助力模式 ③ 不可以纯电动运行
S（运动）	① 运动型驾驶方式——低档位和敏捷的驱动特性 ② 经常使用助力模式 ③ 不可以纯电动运行
C（舒适）	① 舒适且节能的驾驶方式 ② 可以纯电动运行
E（经济）	① 特别节能的驾驶方式 ② 尽可能多地采用纯电动运行 ③ 通过双脉冲来松开已激活的加速踏板（利用安装在车辆上的雷达传感器来确定与前方行驶车辆的间距和速度，并通过加速踏板上的双脉冲向驾驶人发出现在可开始“航行”。且驾驶人可松开加速踏板的信号） ④ 滑动性能与前方行驶的车辆相匹配

（5）运行模式

在以驾驶模式调整驾驶方式期间，可以利用运行模式对能量进行分配，即根据高电压蓄电池的电量状态对电能的使用情况施加影响。

▲ 运行模式选择开关

▲ 显示运行模式

显示运行模式	内　　容
HYBRID	① 显示标准模式 ② 除了混合动力运行模式，还提供取决于电量状态的电动运行模式 ③ 在驾驶模式 S 下注重最大的灵活性，由此可不使用电动运行模式，以提高助力模式的份额
E-MODE	① 代表最大电动运行 ② 用额外压力点激活触觉加速踏板* ③ 在发动机起动前不久激活压力点，直至出现正压后，才起动发动机
E-SAVE	① E-SAVE 模式激活时，将保存高电压蓄电池的电量状态 ② 停车时（如等红绿灯）或减速运转阶段，发动机关闭，以便降低怠速消耗 ③ 仅从高电压蓄电池中获取一定的能量，使得电量状态不低于已保存的数值
CHARGE	① 在该模式下，将通过适当增加内燃机负荷为高电压蓄电池充电 ② 为确保充电，将放弃电动运行模式和助力模式 ③ 在蓄电池充满时，系统将自动切换到 E-E-SAVE 模式

*：采用触觉加速踏板更加容易达到最佳燃油经济性状态。当车辆在纯电动行驶时，驾驶人通过加速踏板感受到一个压力点，这表示车辆正以最大电动输出功率行驶。若继续深踩加速踏板将会起动发动机。同时车辆检测到前方有障碍物时，加速踏板将连续振动两次，提示驾驶人松开加速踏板以关闭发动机，让车辆自行滑行。此时车辆将会自动在滑行和能量回收之间自行切换，自动控制车距。

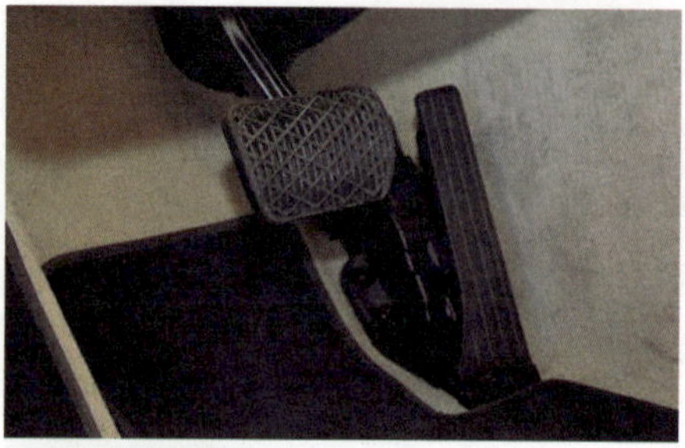

▲ 触觉加速踏板

（6）充电

充电可以通过通过家用电源插座或公共充电站上充电电缆（模式 2 或模式 3）进行充电。充电电缆一般存放在行李箱内固定的存放位置。

1）在模式 2 充电（家庭用电充电）时，可限制高电压蓄电池的充电电流，以免房屋电气接口过载。为此可设置 4 个电流强度 [8 A（默认设置）、10 A、13 A 和 16 A（最大）]，充电时间随电流减小相应延长，具体应以车主使用手册为准。

2）模式 3 充电（充电桩充电）可识别充电电流限制，这样接口不会过载，而且可在公共充电站（桩）上进行自动结算。

注意：模式 1 充电指的是混合系统自动给高压蓄电池充电。

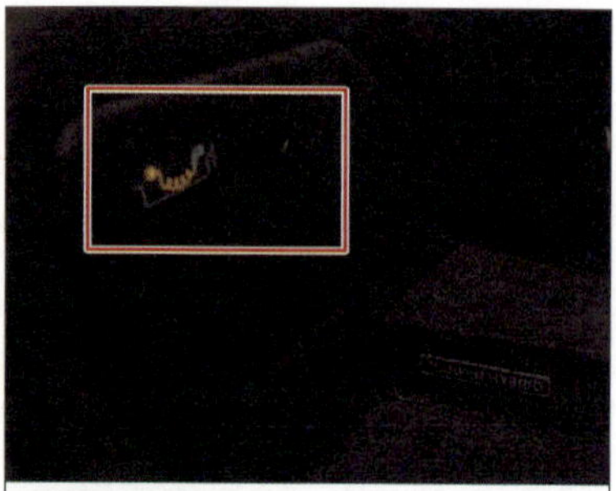

▲ 充电电缆存放位置

▲ 公共充电站（桩）充电

5. 混合动力电动汽车的保养

（1）非插电式混合动力电动汽车的保养

1）常规保养

① 常规保养周期规定。以凯美瑞非插电式混合动力电动汽车为例，非插电式混合动力电动汽车的保养与汽油版厂家提供的保养政策和周期是一样的。广汽丰田为凯美瑞在保修与保养手册中都有明确提及具体项目，如每 1 万 km 或 6 个月更换一次机油滤清器、机油等；空气、空调滤芯为每 2 万 km 更换一次；汽油滤芯和制动液、变速器油均为每 4 万 km 更换一次，而铱合金火花塞更换周期为每 8 万 km 更换一次。

② 更换制动液的时候，因为需要电脑控制制动系统放气，不能再用传统的踩制动踏板排空气的方法，否则制动轮缸会损坏。

▲ 保修与保养手册

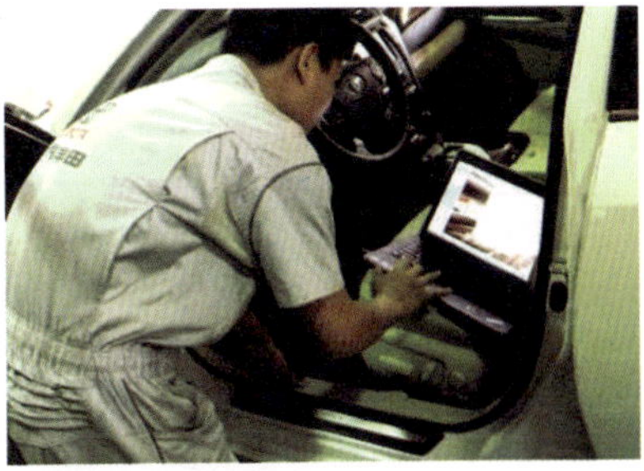
▲ 电脑控制制动系统放气

③ 更换机油之后，必须让变速杆来回换 N 位和 D 位，直到仪表板行车电脑显示屏显示保养模式，才能起动发动机。否则一开始起动发动机，则得不到机油尺的准确读数。

2）电气系统保养

① 动力蓄电池。动力蓄电池则可以享受“8 年或 20 万公里免费维护服务”，在保修与保养手册中都有明确的规定。

▲ 更换机油

▲ 行车电脑显示屏显示保养模式

打开行李箱后部的保护罩，可以清楚看到动力蓄电池，也就是高性能金属氢化物电池盒，以及功率控制单元。检查动力蓄电池有无外观损坏，如果它出现故障而无法维修，4S 店会向厂家提出申请，免费为车主更换。

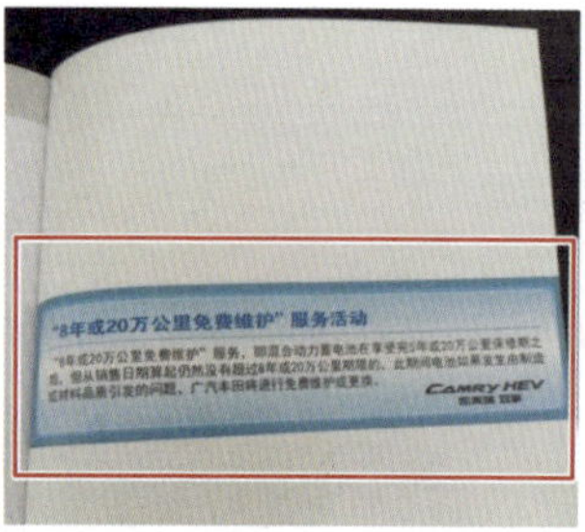

▲ 动力蓄电池维护规定

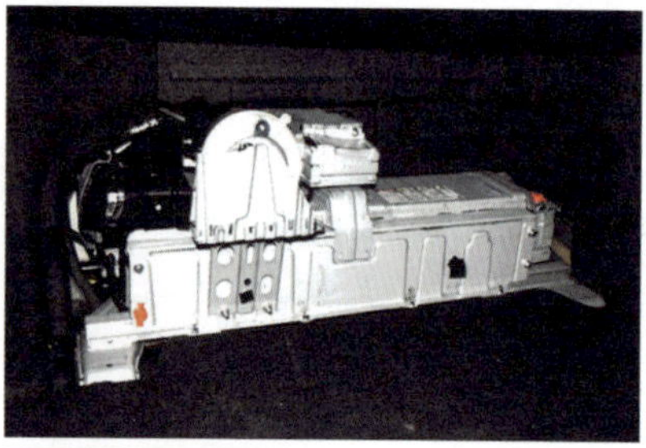

▲ 检查动力蓄电池

② 检查 12V 蓄电池。传统意义上的 12V 蓄电池被安置在行李箱的右后侧，作为备用辅助蓄电池。日常检查的时需要注意其电压值，不得超过 13V，不得低于 12V，过高过低都需要进一步检查（该蓄电池为免维护蓄电池）。12V 蓄电池配有自检系统，自检结果可以在中央显示屏清晰观察到。

▲ 蓄电池位置

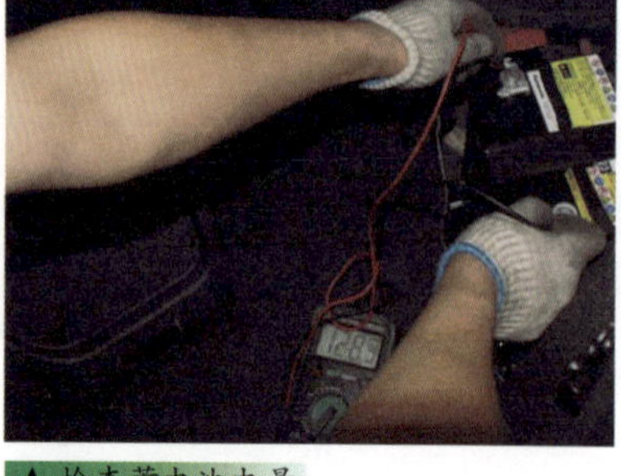

▲ 检查蓄电池电量

（2）插电式混合动力电动汽车的保养

以比亚迪秦的插电式混合动力电动汽车为例，它的保养方法如下：

1）外观检查。插电式混合动力电动汽车首先要进行外观检查，包括车外灯、车内灯、车身有无碰撞等异常。进入车室检查电喇叭、音响的功能是否正常，车内各开关、组合仪表是否正常，刮水器等部件的老化程度等。

2）底盘检查

① 前后减振器及塑胶件的状况。

② 排气管吊耳连接是否牢固、排气管是否锈蚀或渗漏、氧传感器安装和线路是否符合要求等。

③ 制动器及轮胎的状况和气压（包括备胎）。

④ 检查底盘下支臂、平衡杆、定位球头、转向球头、内外球笼是否松旷受损。

⑤ 检查前后桥螺栓紧固标记是否正常。

▲ 检查灯光

▲ 底盘检查

3）检查发动机室。检查发动机室的线束、电机等，如果电机部分出现质量问题可以按照保修合同进行更换。发动机室绝对不能够用水清理的，以避免损坏电机及控制系统，可以采用压缩空气清洁干净。

4）更换机油及三滤。保养过程和普通车一样，按照保养手册的间隔周期更换机油及三滤（空气滤清器、机油滤清器、空调滤清器），具体周期以维修保养手册为准。

▲ 检查机舱

▲ 更换机油及三滤

5）工作油液检查

① 根据厂家规定时间进行更换防冻液，一般更换周期为 2 年或 4 万 km。

② 齿轮油（变速器油）是纯电动汽车需要比较频繁更换的油液，但各厂商的更换周期不同，一般齿轮油更换周期为 1 年或 2 万 km。

③ 制动液是行车制动用的工作液，不管车辆行驶多少里程，每 2 年应当更换一次制动液。

6）电气系统。动力蓄电池、电机控制器总成、动力蓄电池管理系统等电机控制部件 6 年或 15 万 km 包修服务。在平时的保养过程中注意不要自行改装线路，否则会引起厂家不负责保修。

▲ 禁止自行改装线路

注意：比亚迪秦按照 HEV 里程 7500km 间隔来保养，如果平时在市区都用 EV 纯电模式驾驶，保养间隔最长能到 24 个月。

6. 混合动力电动汽车的应用车型

混合动力电动汽车是目前新能源动力系统最常见的车型，它也已经成为世界汽车强国和主要汽车制造商重点推出的新车型。混合动力电动汽车应用车型比较多，可以参见后面“新能源汽车的品牌”一节的内容。下面主要介绍混合动力电动汽车的概念车。

（1）现代 i-flow 概念车

韩国现代汽车公司将推出一款名为“i-flow”的概念车，该款概念车将进一步拓展现代豪华车的阵营。

侧面

正面

后面

▲ 现代 i-flow 概念车外观

① 动力方面，搭载一台配备双阶涡轮增压器的 1.7L 柴油发动机，6 速双离合变速器，一台由锂离子电池供电的电机，使它可以采用电动行驶模式。

② 在内饰方面，它采用整体式中控台，曲线形的液晶显示屏与漩涡形的转向盘，展现了该车的豪华及舒适感。

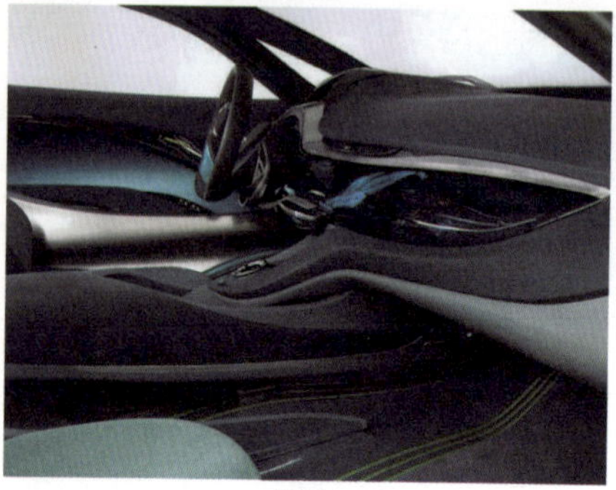
侧视

正视

▲ 现代 i-flow 概念车内饰

（2）斯巴鲁全新概念车 VIZIV Future

斯巴鲁全新概念车 VIZIV Future 2016 年在北京车展正式亮相，这款车是 Viziv 以及 Viziv-2 的延续。但 VIZIV Future 的造型更加注重时尚，它代表了斯巴鲁汽车未来设计的发展方向。

① VIZIV Future 采用了一套全新的混动系统，该系统是由一台 1.6T 柴油发动机、电机以及四驱系统组成的。

② 外观方面，VIZIV Future 前进气格栅和前照灯采用了斯巴鲁最新的家族设计风格，前保险杠采用黑色和银色防擦护板设计，雾灯采用蜂窝状设计。黑色包围套件和银色侧裙，体现了越野视觉风格。此外，该车还采用了全景天窗，车门对开式设计，开启角度非常大，乘客上下车十分便捷。

③ 内饰营造出的科技感十分强烈，平底三辐式多功能转向盘以及智能的中央显示屏，都在 VIZIV Future 车中有所体现。

正面

后面

侧面

▲ 斯巴鲁全新概念车 VIZIV Future 外观

◀ 斯巴鲁全新概念车 VIZIV Future 内饰

第4章

太阳能电动汽车

太阳能电动汽车是利用太阳能电池将太阳能直接转化为电能，再利用电机来驱动的一种新能源汽车。太阳能电动汽车以太阳能代替燃油，可节约有限的石油资源。白天，太阳能电池板把光能转换为电能自动存储在动力蓄电池中，而晚间还可以进行充电。目前，太阳能电动汽车已引起全世界的极大重视。

1. 太阳能电动汽车的优点

太阳能电动汽车（Solar Car）在汽车领域的应用，将能够有效降低全球环境污染，创造洁净的生活环境，随着全球经济和科学技术的飞速发展，太阳能电动汽车作为一个产业在未来将成为现实。与其他新能源汽车相比，太阳能电动汽车拥有很多独特的优势，具体如下。

（1）能源丰富，取之不尽，用之不竭

太阳能无处不在，获取方便，只要有阳光的地方就有太阳能。太阳能是可再生能源，相对人类历史而言，基本不存在枯竭问题，人类可以极尽所能地去开发利用。

（2）能源使用方便，无需运输

▲ 太阳能电动概念车

太阳能资源可免费使用，无需艰苦的开采和长途运输过程，只需通过汽车上的接收和转换设备就能直接利用。随时随地，只要有太阳光照射的地方就可以获取并为电动汽车提供能量，与纯电动汽车相比，更方便、更节能，

减少了对电网电能的依赖与消耗，也减少了对固定充电桩的依赖。

（3）太阳能电动汽车清洁无污染，噪声低

太阳能是最清洁的能源之一，能象风能、潮汐能等清洁能源一样，在开发和利用时几乎没有任何污染。太阳能电动汽车消耗电能，不排放一氧化碳、NO_x、二氧化硫等有害物质，并且行进时无发动机噪声、机械系统噪声也很小。可以说，太阳能的利用为人类创造了一种新的生活形态，将人类社会推进到一个能源节约、污染很少的新时代。

（4）降低对蓄电池的依赖，为车辆本身轻量化发展提供空间

由于太阳能电动汽车以无处不在的太阳能为主要能源，白天有光照的情况下随时随地可以给车辆提供动力能源及蓄电池充电，减少了对蓄电池的依赖，由于当前蓄电池能量密度的限制，传统的电动汽车为了提高续航能力，不得不通过在车体增加蓄电池量来实现，这增加了车身的重量，给电动汽车轻量化发展增加了困难，也不利于车辆能耗的降低。

（5）为人类开发利用太阳能提供了广阔的空间

为了减少经济发展对人类生存环境的影响和能源危机问题，世界各地都十分重视太阳能光伏产业的发展。发展光伏产业，需要大量空旷的地面，为了给光伏发电拓展空间，人类在各类建筑屋顶进行太阳能开发利用。实际上，大量的路面以及停车场也是很好的光伏发电场所，但是在路面实施光伏发电成本太高，车顶利用其实是在路面以及停车场开展光伏发电的良好方式，城市道路上行驶的汽车将构成一个庞大的流动的分布式光伏发电系统，为太阳能开发开拓了一个广阔的空间。

2. 太阳能电动汽车的基本构造与原理

（1）太阳能电动汽车的组成

太阳能电动汽车主要由太阳能电池板、自动阳光跟踪系统、驱动系统、

控制系统等组成。

1）太阳能电池板。太阳能电池板是太阳能电动汽车的核心，由一定数量的单体电池串联或并联组成电池方阵。

① 太阳能单体电池由半导体材料制成，当太阳光照射在该半导体材料上时，半导体的电子 - 空穴对被激发，形成“势垒”，也就是 p-n 结。由于势垒的存在，在 p 型层产生的电子向 n 型层移动而带正电，而在 n 型层产生的空穴向 p 型层移动而带负电，于是在半导体元件的两端产生 p 型层为正的电压，即构成了太阳能电池。

太阳能电池的电流大小与太阳光照射强度的大小和太阳能电池的面积大小成正比。车用太阳能电池将很多太阳能电池排列组合成太阳能电池板，以产生所需要的大电流和高电压。

② 一般等级的太阳能电池板通常使用陆地级硅电池板，它由许多独立的硅片（靠近 1000 个）组合形成。陆地级硅电池板的通常工作电压在 50 ~ 200V，并能提供 1000W 的电力。能量的大小受到太阳、云层的覆盖度和温度的影响。新型太阳能电池板是能任意弯曲成为曲面状或任何不规则形状的柔性太阳能电池板。它能安置在流线形汽车的顶部，以便充分利用丰富的太阳能并将其转化成电流。这种电流可储存在蓄电池中以便产生动力或作为能源。如果大量采用这种柔性太阳能电池板，那么太阳能电动汽车的外型将更加美观。

▲ 硬顶式太阳能电池板

▲ 柔性太阳能电池板

2）向日自动跟踪器。太阳能电池能量的多少取决于太阳能电池板接收太阳辐射能量的数量，由于相对位置的不断变化，太阳能电池板接收的太阳辐射能量也在不断变化。向日自动跟踪器的作用就是保持太阳能电池板正对着太阳，最大限度提高太阳电池板接收太阳辐射能的能力。

3）驱动系统。太阳能电动汽车采用的驱动电机主要有交流异步电机、永磁同步电机、直流电机，其驱动系统与EV（纯电动汽车）基本相同。

4）控制系统。控制系统主要实现对太阳能电池组进行管理并对电机进行控制，其作用与EV控制系统相同。

太阳能电动汽车的心脏就是控制系统。它基本上由太阳能电池板、电机控制器、电机以及蓄电池组构成。太阳能电池板的供电电压与蓄电池组饱和电压基本相同，可以直接耦合，在太阳能功率充裕时，多余的能量进入蓄电池进行充电，在太阳能电功率不足时由蓄电池放电，由充放电控制系统对充放过程进行保护控制。这样可以保证蓄电池正常充电放电，另外还要对蓄电池的过充电、过放电进行适当控制。

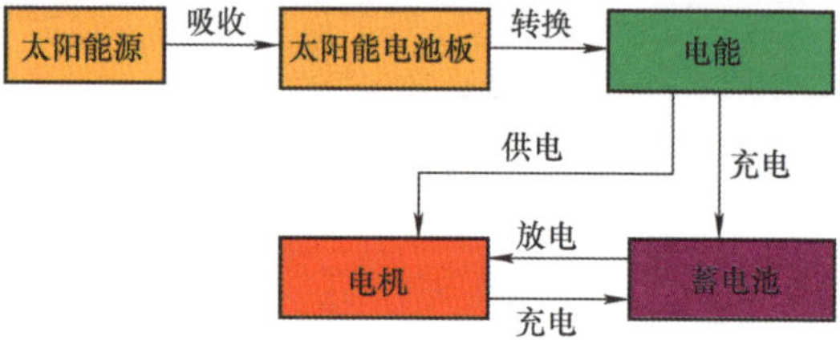

▲ 控制系统示意图

（2）太阳能电动汽车的原理

1）太阳能电动汽车行驶过程。太阳能电动汽车由太阳能电池板在向日自动跟踪器的控制下始终正对太阳，接收太阳光，并转换成电能，向电机供电，再由电机驱动汽车行驶。

① 一般情况下，车辆在运动时，被转换的太阳能被直接送到电机控制系统。当太阳光比较足的时候，太阳能电池板发的电一部分供车行驶，剩余的一部分向蓄电池充电；当太阳光不足的时候，由太阳能电池板和蓄电池同时向车辆供电。

② 当太阳能电动汽车不运动时，所有能量将通过太阳能电池板储存在蓄电池内。

③ 当太阳能电动汽车开始减速时，替代通用的机械制动，电机将变成了一个发电机，能量通过电机控制器反向进入蓄电池内进行储存电能。这就是我们所知道的“能量回收”。能量回收充到蓄电池中是非常少的，但却非常实用。

2）太阳能电池的发电原理。当光线照射太阳能电池表面时，一部分光子被硅材料吸收；光子的能量传递给了硅原子，使电子发生了越迁，成为自由电子在P－N结两侧集聚，形成了电位差。当外部接通电路时，在该电压的作用下，将会有电流流过外部电路，产生一定的输出功率。

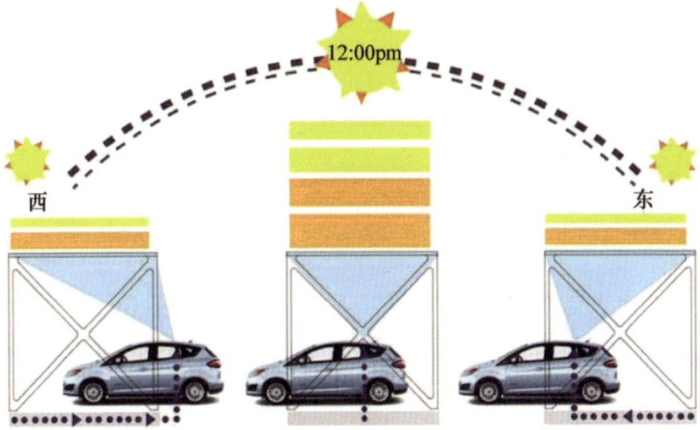

▲ 车辆从东向西运动时吸收太阳能轨迹

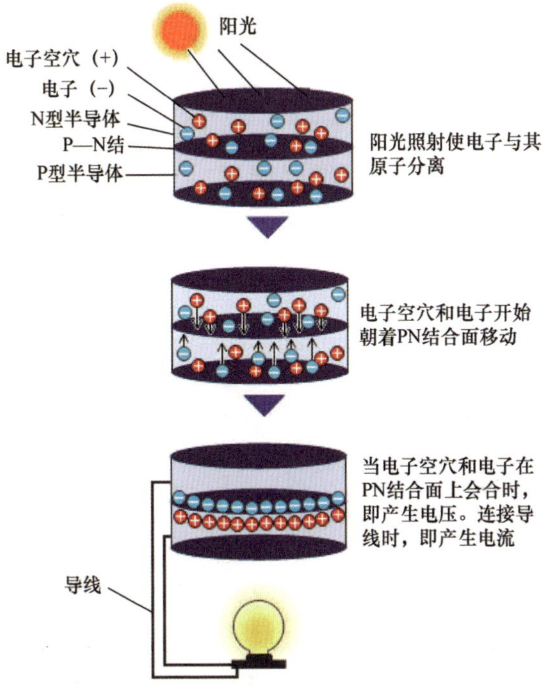

▲ 太阳能电池的发电原理

3. 太阳能电动汽车的应用车型

（1）吉利全球鹰 IG 太阳能电动汽车

① 吉利全球鹰 IG 是一款太阳能电动汽车的概念车，在车身外形上，它采用了双鸥翼车门，便于乘客上下车，但是双鸥翼车门的造价较高。

▲ 吉利全球鹰 IG 的外观

② 内饰的中控台简洁大方，采用平面式设计，为驾驶人提供更大的便利性。

▲ 吉利全球鹰 IG 的内饰

（2）Smart Forvision 太阳能概念车

奔驰旗下的 Smart 分部推出了一款 Forvision 太阳能电动概念车，借助车顶的太阳能电池板，晒一晒太阳就可以为自己提供并储存用来行驶的电量。

▲ Forvision 太阳能电动概念车

① Forvision 这台车顶多处六角形空洞下方为太阳能电池板，只需蓄电池来负责储存电能，无需内燃机或外接电源的，真正做到“零排放”。

② 车内造型十分可爱，体现 Forvision 小巧玲珑的特点。从车内观察顶蓬可以看到中后部采用透光设计，可以给车内提供一定的光照，又不会直射驾驶人的头顶，造成驾驶人感觉不适，车顶前侧是冷光蓝色阅读灯，与车内的整体氛围相当搭配，让人感到温馨、舒适。

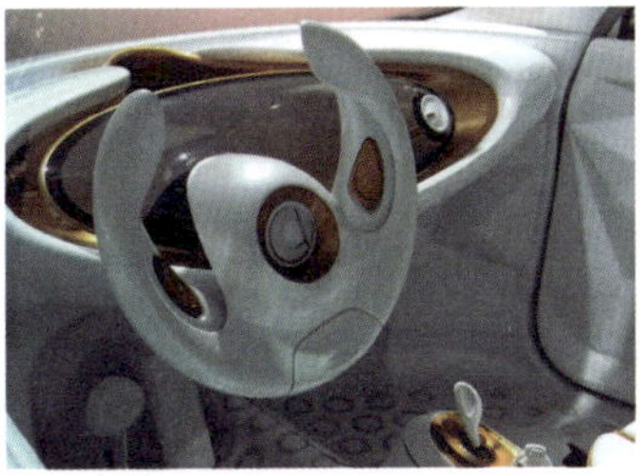

▲ Forvision 太阳能电动车内饰

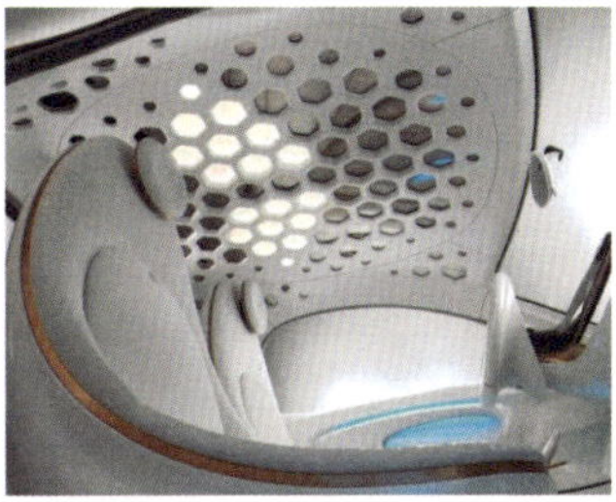

▲ Forvision 太阳能电动车内饰顶篷

（3）Quaranta 太阳能概念车

Quaranta 太阳能概念车的车顶上布置着太阳能电池板，能将太阳能转化为汽车蓄电池中的电能，与布置在汽车前端的其他太阳能电池板一起，在汽车中间形成了一条非常明显的不透明条纹带。太阳能电池板的功率能够达到 250W，足够满足使用车内空调和对汽车蓄电池充电的需求。

▲ Quaranta 太阳能概念车

（4）福特 C-MAX 太阳能汽车

2014 年福特推出首款带太阳能电池板的 C-Max Solar Energi 插电式混合动力概念车，它配置了 2.0L 发动机、电机和输出功率为 7.6kW · h 的锂离子电池。C-MAX Solar 除了车顶太阳能电板外，还配备有传统插电式的充电口，以备不时之需。

▲ 福特 C-MAX 太阳能汽车

（5）比亚迪 F3DM 汽车

① 比亚迪 F3DM 是目前加装有太阳能电池的量产汽车。比亚迪 F3DM 车顶加装了太阳能电池板，太阳能电池板通过吸收的太阳能输出为低压电，低压电经升压转换为高压电，并将能量储存在蓄电池中，然后向电机供电。

▲ 比亚迪 F3DM 车顶的太阳能电池板

② 比亚迪 F3DM 搭载了一台汽油发动机和主副两台电机，它是具有太阳能功能的插电式混合动力轿车。

③ 比亚迪 F3DM 搭载了全球最先进的 DM 双动力混合系统，DM 为 Dual Mode 的缩写。用户通过按键，就可以使车辆在纯电动（EV）和混合动力（HEV）这两种模式之间自由切换。纯电动模式下即可实现零排放，混合动力排放标准也远远优越于欧 IV 标准。

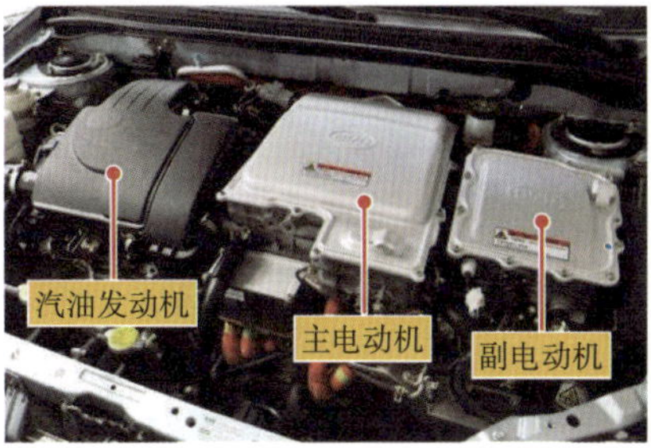

▲ 比亚迪 F3DM 动力系

④ 比亚迪 F3DM 的电能可以是家用 220V 电源，或者是专用快速充电站，甚至是车顶太阳能电池板。

▲ DM 动力按钮

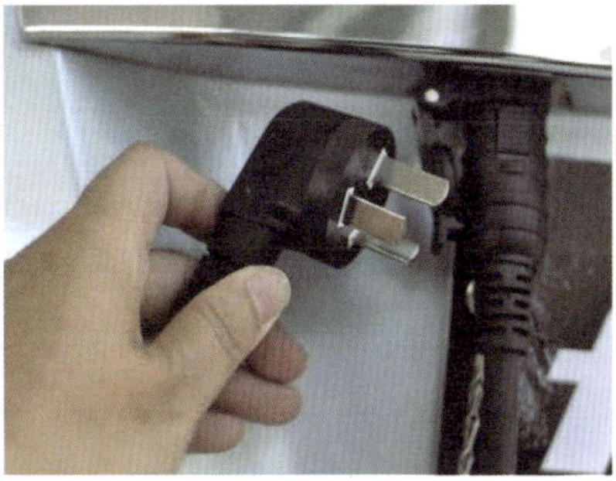
▲ 家用 220V 电源充电

▲ 专用快速充电站充电

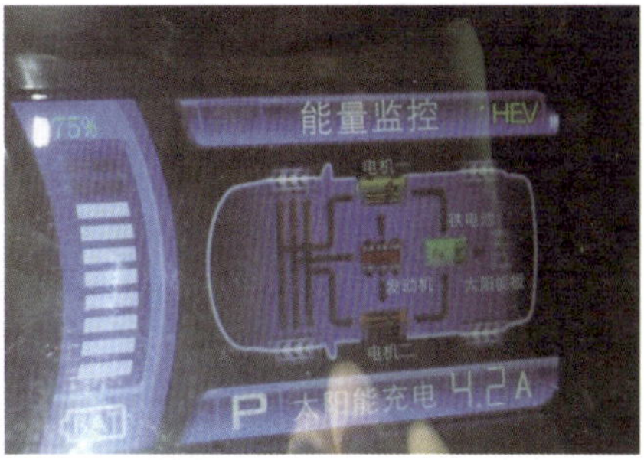

▲ 太阳能正在充电

4. 太阳能电动汽车的发展前景

（1）太阳能电动汽车的发展

当前的太阳能电动汽车普遍采用质轻价贵的航空、航天材料，造价自然十分高昂。以目前的材料应用和技术能力，太阳能转换率一般只能达到20%左右，这就难以满足汽车高速行驶所需要的足够动力。而 7 ~ 8m^2 的太阳能电池板也导致车身过大，转动不够灵活，内部空间又过于狭小。此外，目前的太阳能电动汽车功率比较小，速度较慢，承载能力也不强。目前，太阳能电动汽车尚属于概念车（如吉利全球鹰 IG 等）阶段，它代替燃油车还不能实现。

目前，除了汽车环保爱好者，汽车企业在太阳能电动汽车上的研究和开发并不多，对太阳能的开发重点还是集中在太阳能混合动力上（如福特 C-MAX 太阳能汽车、比亚迪的 F3DM 汽车）。

（2）太阳能技术在汽车上的应用

① 用固定装置大规模收集太阳能用以发电，给电动汽车充电作动力是比较现实的，现在就可以做到，如雪佛兰在北美的太阳能充电站、中国（北京、深圳等）的太阳能充电站。

② 还有一种是在汽车车顶上加装太阳能电池板给汽车用电器供电，在太阳较好的情况下产生电量（图中一般阳光下电流为 18.05mA，阳光较好时电流为 19.57mA）用于充电，这也可以做到了。

③ 太阳能是最清洁，最有发展前景的绿色环保能源，随着太阳能技术在汽车上的应用，太阳能电动汽车的推广是非常有前景的。

雪佛兰在北美的太阳能充电站

北京太阳能充电站

深圳太阳能充电站

▲ 中国的太阳能充电站

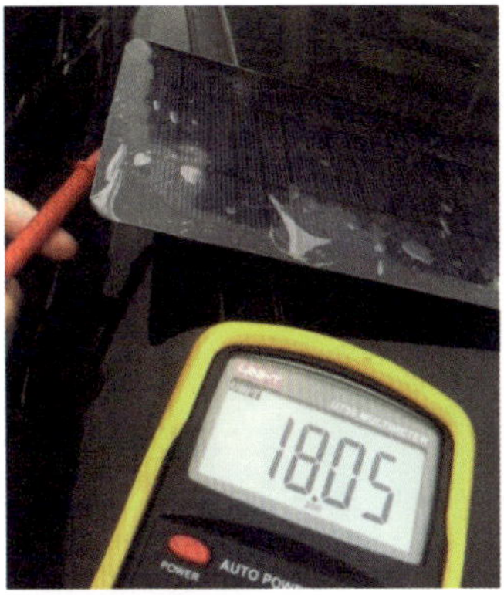

▲ 加装太阳能电池板产生的电量

第5章

燃料电池电动汽车

燃料电池电动汽车 FCEV（Fuel Cell Electric Vehicle）是利用氢气等燃料和空气中的氧在催化剂的作用下在燃料电池中经电化学反应产生电能，然后用电能通过电机驱动车辆。

燃料电池电动汽车的核心部件是燃料电池，它通过氢气和氧气的化学作用，而不是经过燃烧，直接变成电能动力，因此被称为绿色新型环保动力。

1. 燃料电池电动汽车的优势和类型

与其他新能源汽车相比，燃料电池电动汽车拥有很多独特的优势和结构特征，具体如下。

（1）燃料电池电动汽车的优势

燃料电池电动汽车实际上是电动汽车的一种，结构基本类似，只不过多了一个燃料电池和氢气罐，使用时只能添加氢气。与传统汽车、纯电动汽车技术相比，燃料电池电动汽车具有以下优势：

1）零排放或近似零排放，绿色环保。燃料电池电动汽车在本质上是一种零排放汽车，燃料电池没有燃烧过程，若以纯氢作燃料，通过电化学的方法，将氢和氧结合，生成物是清洁的水；采用其他富氢有机化合物用车载制氢装置制氢作为燃料电池的燃料，生成物除水之外还可能有少量的 CO_2，但其排放量比内燃机要少得多，且没有其他污染物排放（如氧化氮、氧化硫、碳氢化物或微粒）问题，接近零排放。与传统汽车相比既减少了机油泄漏带来的水污染，又降低了温室气体的排放。

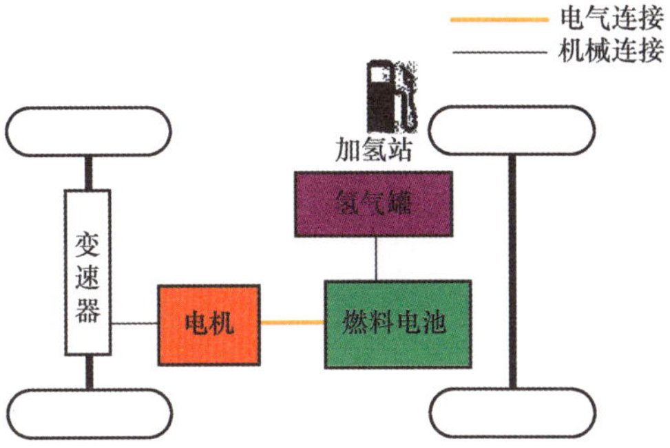

▲ 燃料电池电动汽车

2）能量转换效率高，节约能源。燃料电池的能量转换效率极高。燃料电池没有活塞或涡轮等机械部件及中间环节，不经历热机过程，不受热力循环（卡诺循环）限制，故能量转换效率高，燃料电池的化学能转换效率在理论上可达100%，实际效率已达60%～80%，是普通内燃机热效率的2～3倍（汽油机和柴油机汽车的整车热效率分别为16%～18%和22%～24%）。因此，从节约能源的角度来看，燃料电池汽车明显优于使用内燃机的普通汽车。

▲ 丰田 Mirai 车型加氢气

3）燃料多样化，优化了能源消耗结构。燃料电池所使用的氢燃料来源广泛，自然界中，氢大量存储在水中，可采用水分解制氢，也可以从可再生能源获得，也可取自天然气、丙烷、甲醇、汽油、柴油、煤等化工产品。燃料来源的多样化有利于能源供应安全和利用现有的交通基础设施（如加油站等）。燃料电池不依赖石油燃料，各种可再生能源可以转化为氢能加以有效利用，减少了对石油资源的依赖，优化了交通能源的构成。

4）续驶里程长，性能优于采用其他电池的电动汽车。采用燃料电池发电系统作为能量源，克服了纯电动汽车续驶里程短的缺点，其长途行驶能力及动力性已经接近于传统汽车。燃料电池电动汽车在成本和整体性能上（特别是行程和补充燃料时间上）明显优于其他电池的电动汽车。

5）过载能力强。燃料电池除了在较宽的工作范围内具有较高的工作效率外，其短时过载能力可达额定功率的200%或更大，更适合于汽车的加速、爬坡等工况。

6）运行平稳、低噪声。燃料电池属于静态能量转换装置，除了空气压缩机和冷却系统以外无其他运动部件，因此与内燃机汽车相比，摆脱了发动机噪声，运行过程中车辆的噪声和振动都较小。

（2）燃料电池电动汽车的类型

1）纯燃料电池驱动的汽车（FCEV）。纯燃料电池电动汽车只有燃料电池一个电源，汽车的所有功率负荷都由燃料电池承担。

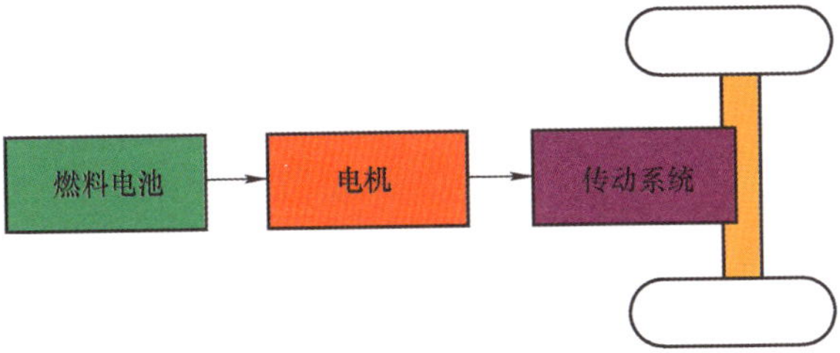

▲ 纯燃料电池驱动的汽车（FCEV）

2）燃料电池与辅助蓄电池联合驱动（FC+B）的 FCEV。该结构形式不仅燃料电池提供电源，而且辅助蓄电池也提供电源驱动电机工作。

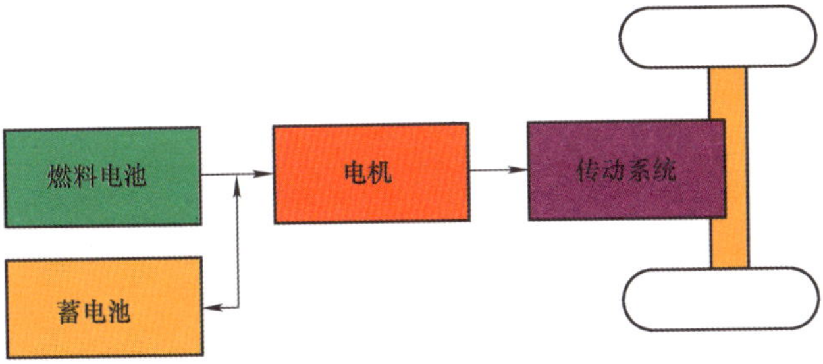

▲ 燃料电池与辅助蓄电池联合驱动 (FC+B) 的 FCEV

3）燃料电池与超级电容联合驱动（FC+C）的 FCEV。该结构形式与燃料电池 + 蓄电池结构相似，只是把蓄电池换成超级电容。相对于蓄电池，超级电容充放电效率高，能量损失小，比蓄电池功率密度大，在回收制动能量方面比蓄电池有优势，循环寿命长，但是超级电容的能量密度较小。随着超级电容技术的不断进步，这种结构将成为一种新的重要研究方向。

4）燃料电池与辅助蓄电池和超级电容联合驱动（FC+B+C）的 FCEV。该结构形式不仅燃料电池提供电源，而且辅助蓄电池和超级电容也提供电源驱动电机工作。

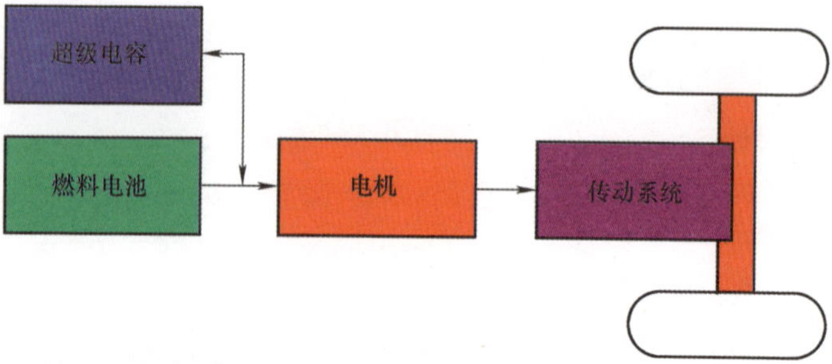

▲ 燃料电池与超级电容联合驱动（FC+C）的 FCEV

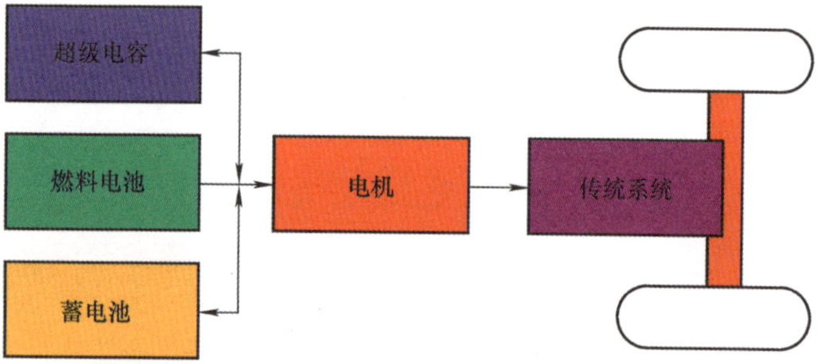

▲ 燃料电池与辅助蓄电池和超级电容联合驱动（FC+B+C）的 FCEV

2. 燃料电池电动汽车的基本构造

以丰田 Mirai 燃料电池电动汽车为例，它主要由燃料电池、蓄电池、高压储气罐、燃料电池升压器、电机、动力控制装置（包括 DC/AC 转换器）等组成。

（1）燃料电池

位于前排座椅下方的燃料电池是整车的电力来源，它不是利用燃烧来获取能量，而是利用氢气跟氧气化学反应过程中的电荷转移来产生电能。

（2）蓄电池

蓄电池主要是把燃料电池多余的电量和车辆行驶过程中回收的电能储存起来，以便车辆急加速时使用，以及供车载用电器使用。

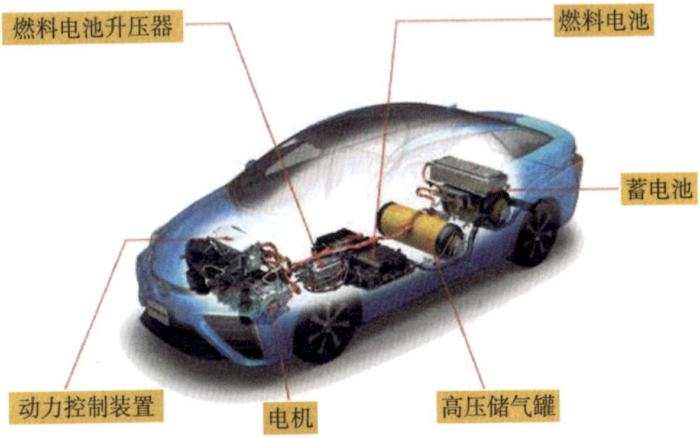

▲ 丰田 Mirai 燃料电池电动汽车的基本构造

（3）高压储气罐

高压储气罐主要是存储氢气，丰田 Mirai 有两个高压储气罐。用高压储气瓶储存氢气时要用低温保温装置来保持低温，低温保温装置是一套复杂的系统。

▲ 燃料电池

▲ 高压储气罐

（4）燃料电池升压器

燃料电池系统中，发出的电能还需要经过燃料电池升压器的升压才能供给电机使用。最终的输出电压必须达到650V，从而满足电机的最大输出需求。

▲ 燃料电池升压器

（5）电机

电机为交流电机，它最大的输出功率为 113kW，峰值转矩 335N·m。

▲ 电机

（6）动力控制装置

动力控制装置主要由燃料电池发动机管理系统（FCE-ECU）、蓄电池管理系统（BMS）、动力控制系统（PCU）及整车控制系统（VMS）组成。

1）发动机管理系统。燃料电池发动机管理系统按整车控制器的功率设定值控制燃料电池发动机的功率输出，监测发动机的工作状态，保证发动机稳定可靠地运行,同时进行故障诊断及管理。系统具体组成包括供氢系统、供氧系统、水循环及冷却系统。

2）蓄电池管理系统。蓄电池管理系统分上下两级，下级 LECU 负责蓄电池组电压、温度等物理参数的测量，进行过充电过放电保护及组内组间均衡；上级 CECU 负责动力蓄电池组的电流检测及剩余电量（SOC）估算，以及相关的故障诊断，同时运行高压漏电保护策略。

3）动力控制系统。动力控制系统包含 DC/DC 转换器、DC/AC 转换器、DCL 和空调控制器及空调压缩机变频器，以及电机冷却系统控制器。DC/DC 转换器和 DC/AC 转换器的作用如前所述，DCL 负责将高压电源转换为系统零部件所需的 12V/24V 低压电源，电机冷却系统控制器负责电机及 PCU 的水冷却系统控制。

4）整车控制系统。整车控制系统的核心是多能源控制系统（包括制动能量回馈功能），它一方面接收来自驾驶人的需求信息（如点火开关、加速踏板、制动踏板、档位信息等）实现整车工况控制；另一方面基于反馈的实际工况（如车速、制动、电机转速等），以及动力系统的状况（燃料电池及蓄电池的电压、电流等），根据预先匹配好的多能源控制系统进行能量分配调节控制。

3. 燃料电池电动汽车工作原理

氢气与来自空气的氧气在燃料电池内发生化学反应，从而产生电能，然后驱动电机工作。

1）当车辆有更大的动力需求的时候，蓄电池电量很快就会耗光，所以这时候燃料电池就直接向电机输电，与蓄电池一起实现双重供电来满足需求。

2）当车辆减速行驶的时候，电机转化为发电机来回收动能，电量直接输送到蓄电池内储存起来。

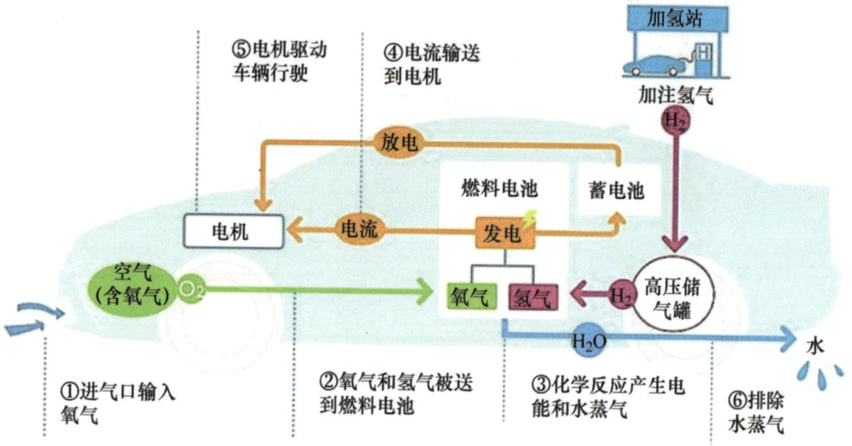

▲ 燃料电池电动汽车工作原理

4. 燃料电池电动汽车组合仪表显示

驱动方式	图　示
① 显示纯电动来驱动车辆行驶	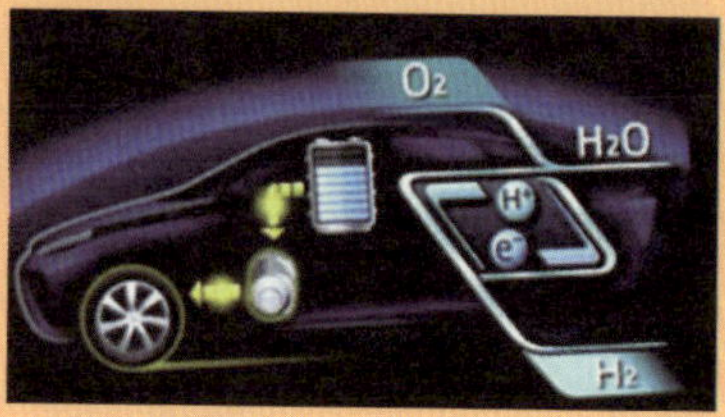

（续）

驱动方式	图　示
② 显示燃料电池来驱动车辆行驶	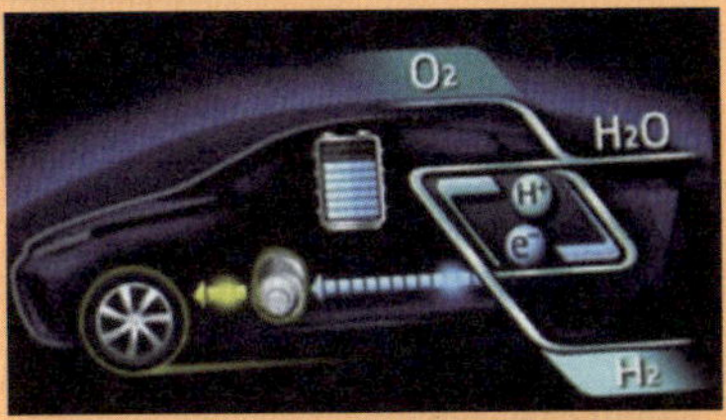
③ 显示蓄电池及燃料电池同时驱动车辆行驶	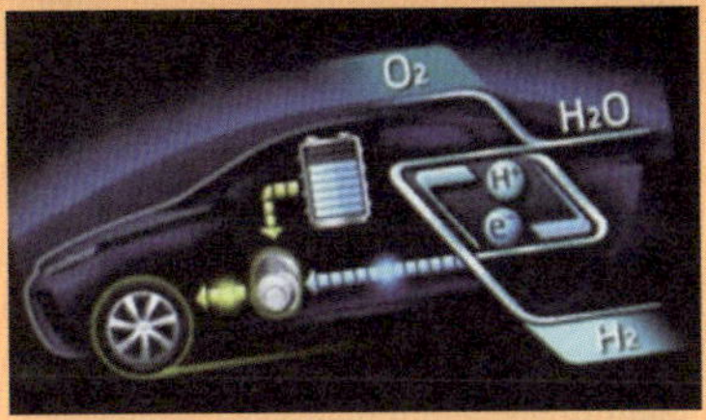
④ 显示能量回收	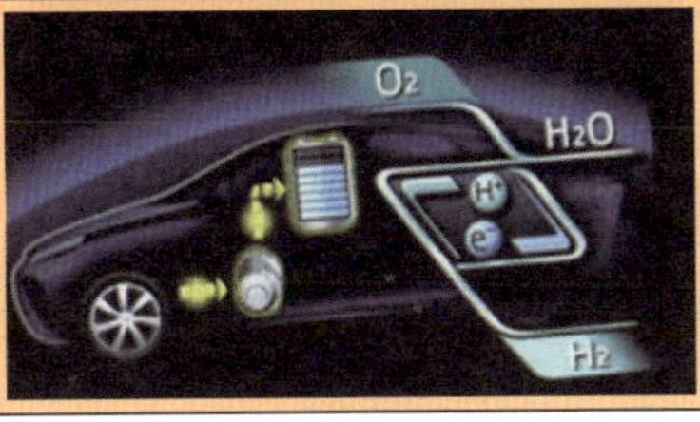

5. 燃料电池电动汽车的应用车型

目前，奔驰、丰田、本田、宝马、现代等实力比较强的车企都在积极研究和发展燃料电池电动汽车，不少国产品牌也涉足了燃料电池汽车领域，未来燃料电池电动汽车将会得到广泛应用。

（1）奔驰燃料电池汽车

2015 年东京车展上，奔驰推出了一款名为 Vision Tokyo 的燃料电池概念车，它采用氢燃料电池系统进行驱动，综合续航能力可达到 980km，纯电的续航里程为 190km。

① 外观方面，新车整体造型科幻，显示奔驰的实力。该车包围式的前风窗玻璃尺寸较大，侧面则呈现了厢式车的风格，整体造型圆润。新车的 LED 尾灯组环绕在尾窗上，非常独特。

正面

后面

▲ Vision Tokyo 外观

② Vision Tokyo 配备了多项科技配置，乘员可通过其鸥翼门进入到车内。车内的座位布局也不是传统的样式，而是环抱式的围坐。乘员还可以利用车内的触摸屏，与车内的全息娱乐系统互动。

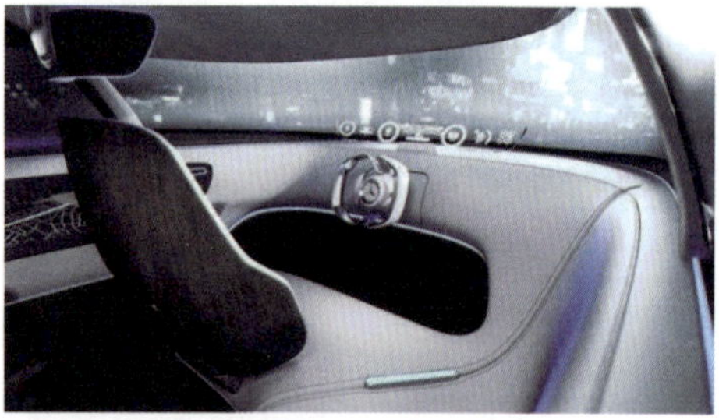

◀ Vision Tokyo 车内

（2）奥迪燃料电池汽车

在 2016 年北美国际车展上，奥迪展示了一款 h-tron quattro 氢燃料电池概念车，该车采用了大众第五代燃料电池技术，可在 4min 内充满氢气。在单次充满氢气的前提下，h-tron quattro 概念车的续航里程可以达到 600km。0-100km/h 加速时间为 7s，最高车速可以达到 200km/h。

① h-tron quattro 氢燃料电池概念车为全轮驱动，搭载两个电机（前置电机功率 90kW，后置电机 140kW），总输出功率 230kW。

② 奥迪 h-tron quattro 概念车配备 3 个高压气瓶储存氢气。在燃料电池中，氢气和氧气在受控制的化学反应中相互作用，生成水、热量和电能，生成的电能用于驱动电机。

▲ 奥迪 h-tron quattro 概念车透视图

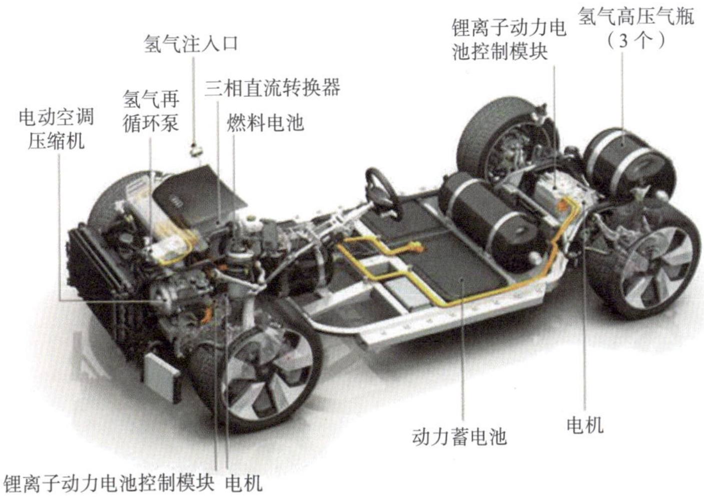

▲ 奥迪 h-tron quattro 概念车系统布置

（3）本田燃料电池汽车

本田发布了 FCV 燃料电池汽车的量产版车型 CLARITY，2016 年在日本上市，该车成熟后有望进入到中国市场。本田 FCV 燃料电池汽车采用燃料电池技术，续航里程将超过 700km。另外，CLARITY 还带有 70MPa 的高压氢气罐，在燃料耗尽后仅用时 3min 即可充满。

① CLARITY 整体车身造型与普通燃油版车型相差不大，但 CLARITY 强化了前照灯与进气格栅的融合，以减少空气阻力。

② CLARITY 内部采用大尺寸的触屏式液晶显示器，副仪表板则采用了悬浮式的造型。在内饰用料方面还包括了真皮座椅、木纹内饰以及金属饰条等。此外，该车配备有一键起动、电子驻车制动、自动前照灯、盲区监测、HUD 抬头显示、车道偏离辅助、防碰撞预警等先进技术系统。

▼ CLARITY 外观

正面

后面

（4）现代 ix35 燃料电池汽车

现代 ix35 燃料电池汽车作为世界上第一款量产版的氢燃料电池汽车，它搭载了一套输出功率 100kW 的燃料电池系统，两个储氢罐可加载共 5.64kg 的液态氢，续航里程达 594km，最大功率 98kW，最大转矩 221N · m，最高时速 160km/h，完全能够满足日常使用的需求。

① 现代 ix35 燃料电池汽车外观上跟普通 ix35 没什么大的区别，但在车身内部结构上与普通燃油版的 ix35 还是存在质的变化。现代 ix35 燃料电池汽车车身可以分为三个部分，分别是后部的氢储存区、中部的动力电池及逆变器、前部的燃料电池及动力总成。

② 现代 ix35 燃料电池汽车内饰跟普通 ix35 相差不大，整体简洁大方。

◀ 现代 ix35 燃料电池汽车透视图

▶ 现代 ix35 燃料电池汽车内饰

（5）长安志翔燃料电池汽车

长安志翔燃料电池汽车是国产汽车品牌，它集成了先进燃料电池系统、锂离子电池系统、电机驱动系统和电动空调、电动制动、电动转向等辅助系统。长安汽车提供了 5 辆长安志翔燃料电池汽车服务于 2010 年上海世博会，但是由于氢燃料电池汽车技术非常复杂，也因为我国氢气制备、运输、加氢气基础设施不完善，短期内很难产业化。

▲ 长安志翔燃料电池汽车外观

◀ 长安志翔燃料电池汽车仪表

第6章

气体燃料汽车

气体燃料汽车是以天然气、液化石油气和氢气为燃料的汽车。由于价格较高，当前在我国市场上个人用户使用的并不多，大多以领取政府补贴的公交车和出租车为主。但是随着汽车技术的进步，气体燃料汽车也会逐渐成为未来汽车的发展方向之一。

1. 天然气汽车

（1）天然气汽车类型

天然气汽车是指以天然气作为燃料的汽车。按照所使用天然气燃料状态的不同，天然气汽车可以分为压缩天然气汽车（CNGV）和液化天然气汽车（LNGV）。

Eco Fuel 是大众汽车公司推出的新能源汽车，它以压缩天然气作为主要燃料。

◀ Eco Fuel 标志

（2）天然气汽车特点

1）以大众途安 Eco Fuel 天然气汽车为例，它是在 2.0L 汽油发动机的基础上在进气歧管内装备了天然气喷射装置，并由一套高压共轨系统提供燃料。

2）大众途安 Eco Fuel 车底的 4 个储气罐可以储存 18kg 压缩天然气，另外还有 13L 的副汽油箱，也称为双燃料汽车。平时以压缩天然气作为燃料，续航里程在 300km 左右，当天然气耗尽时系统可自动将燃料供给切换到汽油模式。

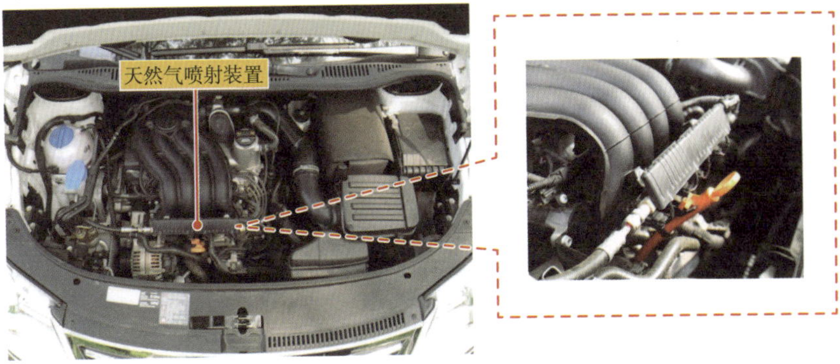

▲ 大众途安 Eco Fuel 的天然气喷射装置

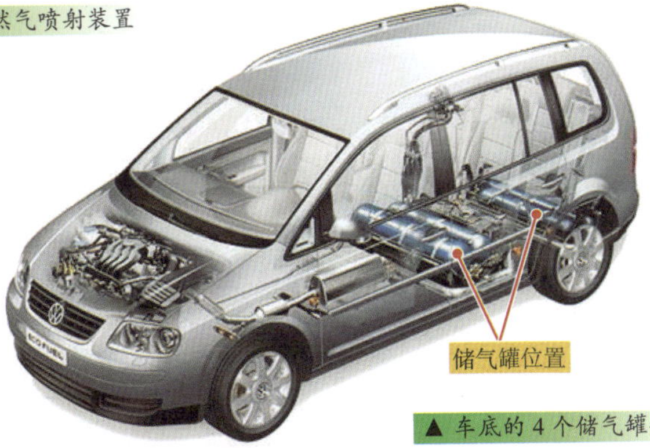

▲ 车底的 4 个储气罐位置

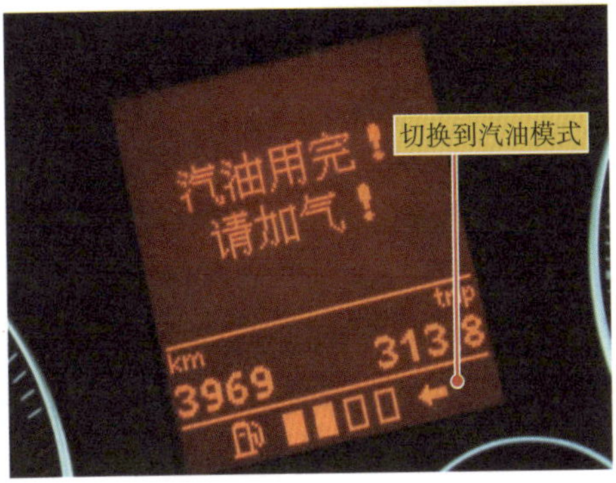

◀ 燃料供给切换模式

（3）天然气汽车工作原理

天然气汽车工作时主要是依靠气压调节器将来自储气罐的压缩天然气调整到合适的气压，然后经过天然气喷射器送入发动机气缸内燃烧产生动力。

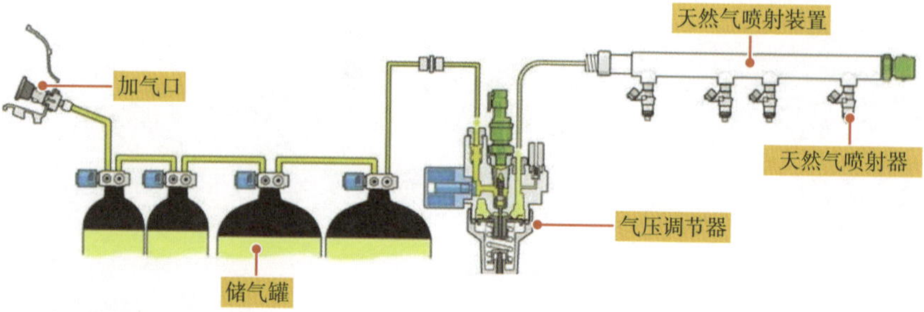

▲ 天然气汽车工作原理

（4）组合仪表

组合仪表上增加了天然气表，其他与传统的汽油车基本一致。

▲ 组合仪表

（5）天然气汽车加气

1）打开途安 Eco Fule 的燃料加注口盖，可以找到普通的汽油加油口，旁边还多出一个天然气加气口。

2）由于加气过程可能会发生少量的泄漏，为防止车身静电引起天然气爆炸，还要在车身上接一条搭铁线。

3）加气机用高压将气体压入汽车的储气罐，当车内气罐压力大于加气机产生的压力时，加气机会认为车辆已经加满燃料，会停止加气。

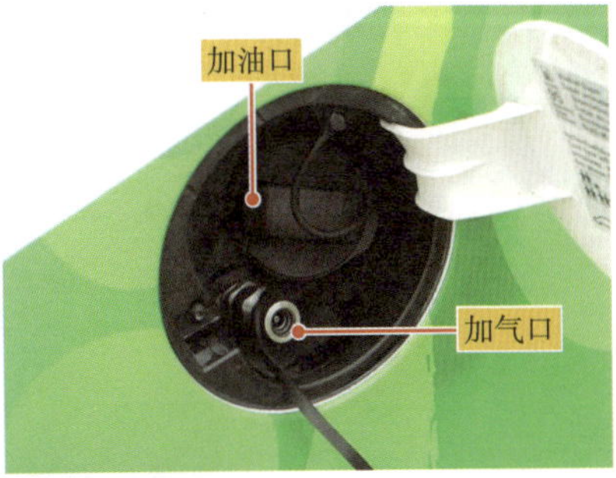

▶ 燃料加注口

▲ 车身上接一条搭铁线

▲ 加气过程

2. 液化石油气汽车

以液化石油气（LPG）为燃料的汽车称为液化石油气汽车。

（1）液化石油气汽车结构

以高尔夫 Plus Bi Fuel 车型为例，液化石油气（LPG）汽车和天然气汽车结构类似，主要是增加了一套燃气供给系统（包括 LPG 储存罐、LPG 喷射装置及其控制部件等）。

（2）液化石油气汽车性能

高尔夫 Plus Bi Fuel 车型在使用液化石油气（LPG）燃料的同时也可以使用汽油燃料，通过这种方式可以减少运营成本与排放。高尔夫 Plus Bi Fuel 采用 1.6L 四缸汽油发动机驱动，LPG 储存罐中的存气可以使续航里程达到 1100km。

（3）液化石油气汽车前景

液化石油气（LPG）汽车与燃油汽车相比，具有污染少、经济性高和安全性好等优点，受到各国的重视。为适应新能源变革的大趋势，世界上各汽车制造商都纷纷投资开发液化石油气汽车，并制订各种优惠政策，推广使用液化石油气汽车。

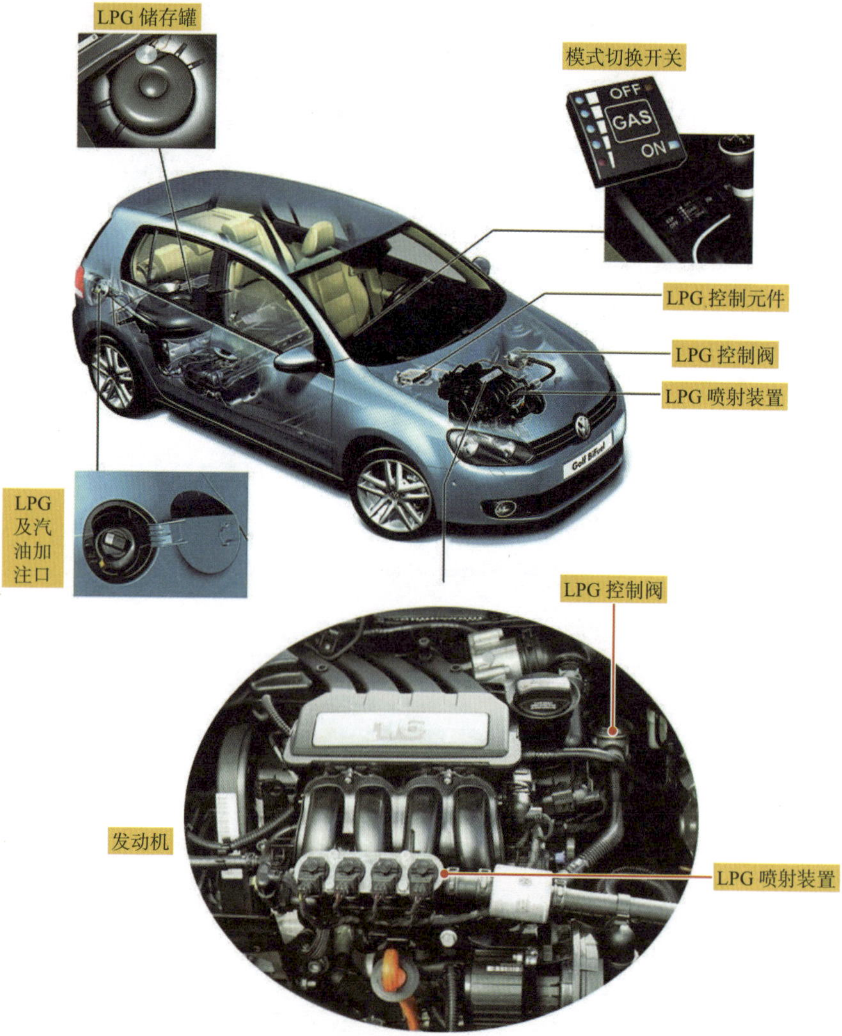

▲ 高尔夫 Plus Bi Fuel 液化石油气汽车结构

3. 氢气燃料汽车

（1）氢气燃料汽车特点

氢气燃料汽车以内燃机内氢气燃烧形式提供动力。以宝马7系Hydrogen轿车为例，其搭载的是氢内燃机。这款车型的发动机和普通的汽油发动机相类似，只是在宝马760i的6.0L汽油发动机基础上增加了一组氢气进气管道。

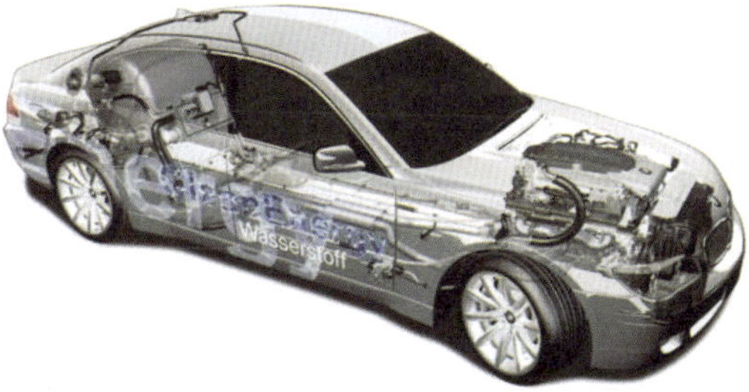

▲ 宝马7系Hydrogen轿车

该发动机原有的Valvetronic电子可变气门控制系统和Double-VANOS双凸轮轴可变气门正时系统依然存在。在汽油模式下，燃油通过直接喷射供应；采用氢燃料时，则是在进气管道中完成氢气和空气的混合。氢气和氧气混合燃烧，会发出热量，并生成水，这是氢内燃机的核心原理。因此，氢内燃机的理论排放物就是水，可实现零污染物排放。

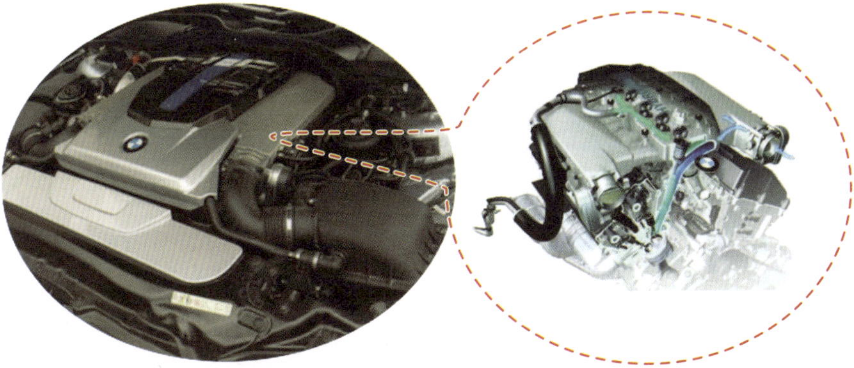

▲ 氢内燃机

（2）驾驶性能

宝马 7 系 Hydrogen 轿车通过转向盘上的一个 H2 按钮，可以迅速在汽油和氢气两种燃料之间切换。由于在汽油模式和氢动力模式下动力输出完全一样，因此不管在何种运行状态下切换燃料种类，都不会对行驶状态和性能造成影响。当在氢动力模式下行驶时，组合仪表显示屏会出现“H2”，明确地告知驾驶人汽车目前在利用氢燃料行驶。

每次起动发动机时，系统会默认采用氢动力模式起动，这是为了降低暖机过程中的一氧化碳和碳氢化合物排放，持续到催化转化器达到正常工作 温度为止，这进一步改进了废气排放。当一种燃料用尽时，系统会自动切换到另一种燃料，保证燃料持续供应。

注意： 汽油和氢气两种燃料分别使用行驶里程可达到约 500km 和 200km。

▲ 转向盘上的 H2 按钮位置

▲ 组合仪表显示屏显示“H2”

（3）氢气燃料汽车加氢气

1）位于行李箱与后座间的氢燃料瓶是宝马 7 系 Hydrogen 轿车氢气的来源，这个可储存 8kg 液态氢的大钢瓶可提供 200km 的巡航里程。氢燃料瓶在 2mm 钢制外板下分为外罐与内罐，两者间设有 30mm 的真空隔热层，能有效确保 -250℃低温储存的液态氢不致汽化。

2）宝马 7 系 Hydrogen 轿车为氢内燃机开发了一套专门的燃料加注系统，燃料管的末端有一个燃油箱连接器，将它对准车辆的氢燃料口之后就会自动保持密封，然后开始传送液态氢。加氢的过程是全自动的，全部加满需要大约 8min。

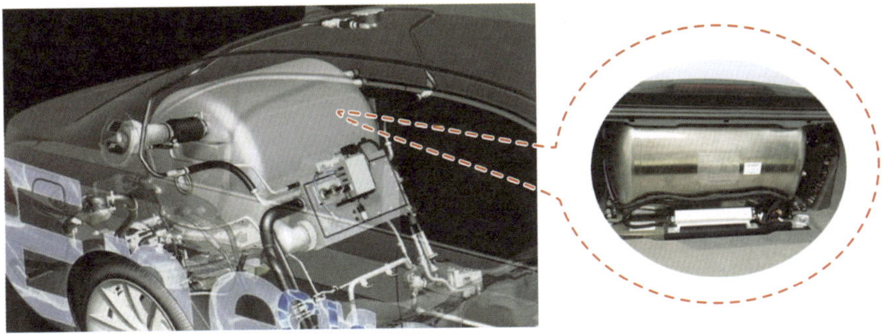

▲ 氢燃料瓶

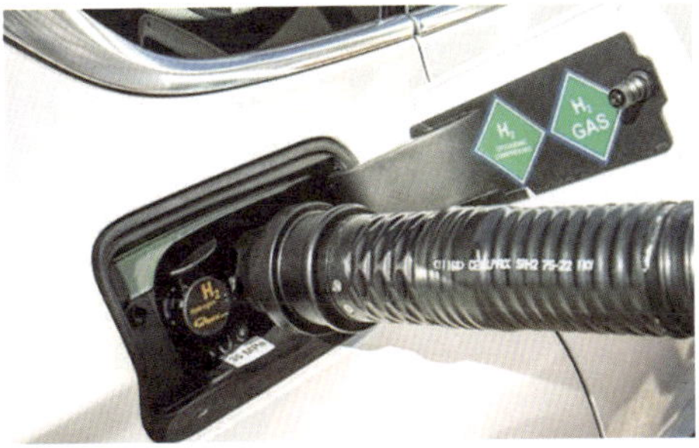

◀ 氢燃料加注系统

（4）氢气燃料汽车的前景

液氢完全可以用来作为汽车的一种能源。氢燃料作为无有害排放物的可持续能源，其产业前景不仅局限于汽车业，也适用于各个领域的动力需求。众所周知，由于矿物燃料供应有限 ，人类需要替代燃料。与这类传统燃料相反，氢由于处于自然界的再生循环之中，因而在生成与可持续方面完全满足未来的要求。利用微生物还原或借助太阳能、风能及水力能，氢的供应方式几乎是无限的。必要时，还可以借助天然气、沼气或其他第一能量源生成。

氢气燃料汽车市场推广的最大障碍是加氢站不足。目前，欧美等国已启动了相关推广和建设氢燃料站等战略。德国计划到 2023 年建成 400 个氢燃料站；美国加州到 2017 年达到 68 个；日本计划今年发放 200~300 万日元的补助金，到 2025 年构建 1000 家氢燃料站；韩国计划到 2025 年增加到 200 个。目前，中国现有氢燃料站数量稀少，分别位于北京、上海、郑州、深圳。未来液化氢能够在传统的加油站供应，再逐步将加油站变化为加氢站，氢气燃料汽车将成为新能源汽车发展的趋势。

▶ 加氢站

4. 气体燃料汽车的应用车型

（1）大众高尔夫 TGI 蓝驱

大众推出了一款以天然气作为发动机燃料的大众高尔夫 TGI 蓝驱（Blue Motion）轿车。该车搭载 1.4L TSI 天然气涡轮增压发动机，最大输出可达 81kW，0-100km/h 加速为 10.9s，最高车速可达 194km/h。该车在纯压缩天然气为燃料的模式下，行驶里程可达 440km。在车底两个天然气罐（总容积 15kg）及一个汽油箱（50L 容积）全部注满燃料时，行驶里程可达约 1400km。

▲ 大众高尔夫 TGI 蓝驱

（2）大众 Polo Bi Fuel 轿车

① 大众在欧洲推出了一款 Polo Bi Fuel 轿车，它是既可以使用传统汽油，也可使用液化石油气（LPG）的双燃料车型。Polo Bi Fuel 与 Golf Bi Fuel 车型一样，该车的 LPG 燃料箱位于行李箱下方，有 52L 的容量，而原本位于

座椅下方的汽油箱则有 45L 的容量。经过测试，该车在只使用 LPG 的情况下，可以行驶大约 640km，但如果加上汽油燃料，该车则可以行驶 1290km 以上。

② Polo Bi Fuel 还可以在 LPG 及汽油之间自由切换选择何种燃料来行驶，当使用 LPG 时，油耗约为 12km/L，而使用汽油时，油耗降至 16km/L。

▼ 大众 Polo Bi Fuel 透视图

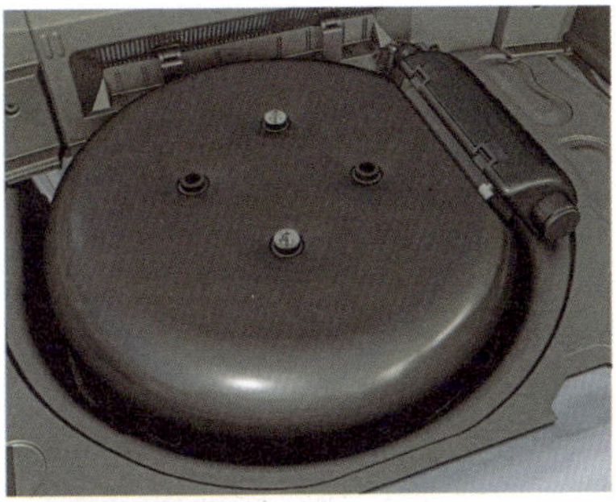

▲ LPG 燃料箱

▲ 汽油及 LPG 燃料的注入口

（3）长安“氢程”概念车

“氢程”是长安自主研发的中国首款氢动力概念跑车，展示了氢能源汽车节能环保的特性。

①“氢程”所搭载的是一台氢内燃机，它直接以压缩氢气为燃料，以达到驱动汽车目的。

② 在工作效率上它比同排量的汽油机高 30% 以上，H、C、CO、CO_2 排放几乎为零，完全可实现超低排放并具有良好的低温起动性。而在续航力方面，“氢程”在一次性加足燃料的情况下，可行驶 230km 以上。

③“氢程”的出现预示着我国在氢能源汽车研究有了突破性进展，在加氢站基础设施完善的情况下，“氢程”是完全有能力投产的车型。

◀ 长安“氢程”概念车

▶ 氢内燃机

第7章

生物燃料汽车

生物燃料是指通过生物资源生产的醇类燃料和生物柴油等，可以替代由石油制取的汽油和柴油，是可再生能源开发利用的重要方向。生物燃料汽车就是以生物燃料为能源的汽车，目前尚未得到全球性的广泛应用。

1. 醇类燃料汽车

醇类燃料汽车主要包括甲醇燃料汽车和乙醇燃料汽车 2 种，具体的特点如下。

（1）甲醇燃料汽车

1）甲醇燃料汽车的分类。甲醇燃料汽车是指利用甲醇燃料做能源的汽车。甲醇作为燃料在汽车上的应用主要有甲醇掺烧（甲醇掺烧是指把甲醇添加在汽油里，用甲醇燃料助溶剂复配的 M 系列混合燃料，如 M85：表示质量分数 85% 甲醇，质量分数 15% 汽油）和纯甲醇（纯甲醇即单烧甲醇，可用 M100 表示，100% 甲醇）替代 2 种。

▲ 吉利海景 SC7 甲醇燃料汽车

2）甲醇燃料汽车的特点。以吉利海景 SC7 甲醇燃料汽车为例，SC7 甲醇燃料汽车配用代号 JLC-4M18 的 1.8L 发动机，最大功率可达 95kW，与常规汽油版同排量发动机最大功率（98kW）参数相近。

▲ 甲醇燃料汽车发动机

3）甲醇燃料汽车的前景。甲醇燃料作为车用替代燃料，技术上已不存在大的障碍，但甲醇燃料汽车在实际运行中存在种种问题，特别是甲醇燃料加注设施的短缺，成为阻碍甲醇燃料汽车大规模“上路”的瓶颈。甲醇燃料汽车持续健康发展离不开产业链支持，应鼓励汽车生产企业开展研发工作，并加强加醇站建设才能更好地发展甲醇燃料汽车。

▶ 加醇站

（2）乙醇燃料汽车

1）乙醇燃料汽车的分类。乙醇俗称酒精，通俗些说，使用乙醇为燃料的汽车，也可叫酒精汽车。用乙醇代替石油燃料的活动历史已经很长，无论是从生产上还是应用上的技术都已经很成熟。近年来，由于石油资源紧张，汽车能源多元化趋势加剧，目前世界上已有 40 多个国家，不同程度应用乙醇燃料汽车，有的已达到较大规模的推广，乙醇燃料汽车的地位日益提升。乙醇燃料汽车主要分为掺烧、纯烧、变性燃料乙醇、灵活燃料 4 种形式。

① 掺烧，指乙醇和汽油掺合应用。在混合燃料中，乙醇的体积比以“E”加数字表示，如乙醇体积分数占 10%、15%，则用 E10，E15 来表示。目前，掺烧占乙醇燃料汽车占主要地位。

② 纯烧，即单烧乙醇，可用 E100 表示，目前应用并不多，属于试验阶段。

③ 变性燃料乙醇，指乙醇脱水后，再添加变性剂而生成的乙醇，这目前也处于试验应用阶段。

④ 灵活燃料，指燃料既可用汽油，又可以使用乙醇或甲醇与汽油按比

例混合的燃料，还可以用氢气，并随时可以切换。如福特、丰田等汽车公司均在试验的灵活燃料汽车 (FFV)。

2）乙醇燃料汽车的特点。以雷诺梅甘娜乙醇燃料汽车为例，该发动机以 E85 乙醇为燃料。为了能够适应新的燃料，雷诺针对目前的 1.6L 16V 汽油发动机做出了改进，主要的改进之处为其燃油箱、喷射系统和发动机燃烧室。

▲ 雷诺梅甘娜乙醇燃料汽车

1—燃料箱　2—燃料泵及过滤器　3—燃料管　4—喷射器
5—氧传感器　6—控制单元

3）乙醇燃料汽车的前景。在汽车上使用乙醇燃料，可以提高燃料的辛烷值，增加氧含量，使汽车缸内燃烧更完全，可以降低尾气的有害排放物。乙醇燃料作为一种可再生燃料，在生态环保方面也十分有效。乙醇燃料汽车也减轻了车辆对石油燃料的依赖性，未来存在很大的发展空间。由于开发可兼容多燃料的发动机成本不算太高，因此消费者购买这样的车型将会变为现实，而且加注站也将会越来越完善。

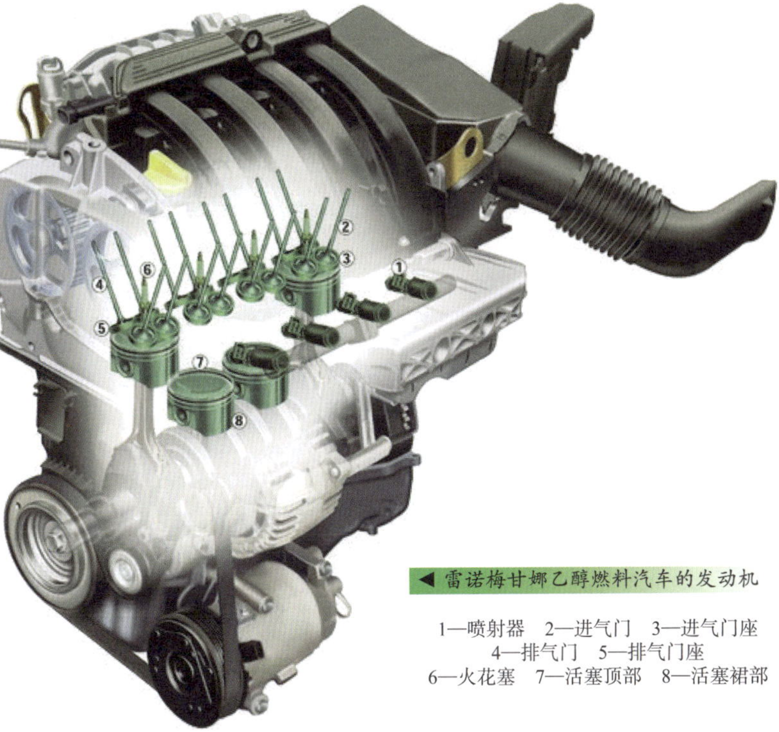

◀ 雷诺梅甘娜乙醇燃料汽车的发动机

1—喷射器　2—进气门　3—进气门座
4—排气门　5—排气门座
6—火花塞　7—活塞顶部　8—活塞裙部

▶ 乙醇燃料加注站

2. 生物柴油汽车

（1）生物柴油汽车特点

生物柴油是从可回收的一些资源如植物油、动物脂肪和已经使用过的油和脂肪中提炼而成的一种液态产品，液态形式的生物柴油（又称为纯净生物柴油，代号为 B5），已经成为新能源替代燃料。质量合格的生物柴油可以直接在柴油车上使用，比如各种货车、大型客车、公交车和工程车辆等，也可以直接在非车用柴油发动机中使用。

▲ 使用生物柴油的汽车

注意：使用生物柴油之前最好确认该车辆是否可以添加生物柴油，因为有些柴油车规定不能使用生物柴油代替。

（2）生物柴油汽车的前景

随着世界范围内车辆柴油化趋势的加快，未来柴油的需求量会愈来愈大，而石油资源的日益枯竭和人们环保意识的提高，大大促进了世界各国加快柴油替代燃料的开发步伐。生物柴油以其优越的环保性能受到了各国的重视。目前，我国海南澄迈县、临高县的 12 家中石化旗下的加油站开始试点销售生物柴油，初步形成生物柴油走向车用柴油市场的产品质量标准体系，生物柴油作为替代能源将会成为一种趋势。

▼ 生物柴油加注站

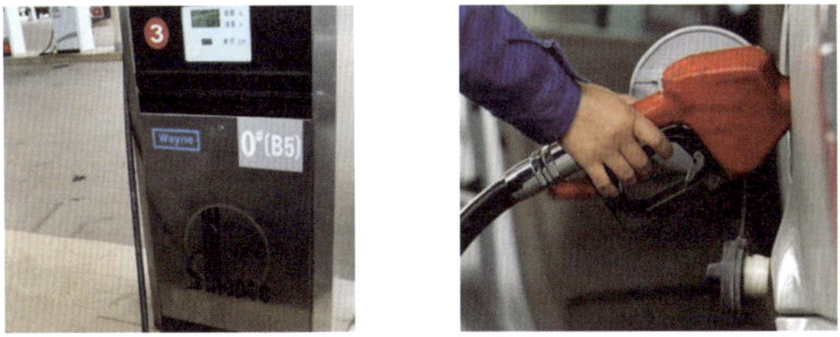

3. 二甲醚燃料汽车

二甲醚的英文缩写为DME。二甲醚燃料汽车就是以二甲醚作为燃料的汽车。二甲醚未来主要用于替代汽车燃油、石油液化气、城市煤气等，市场前景极为广阔，是目前国际、国内优先发展的产业。

（1）二甲醚燃料汽车的特点

以沃尔沃推出的使用二甲醚燃料的D13型发动机的货车为例，该车主要是在原来D13型发动机上做出了改进，主要的改进之处是燃料系统、喷射系统和发动机管理系统。改进后的发动机额定功率达到312kW，使用二甲醚燃料的D13发动机压缩比为17:1,并且无需采用柴油微粒捕集器(DPF)和废气再循环（EGR）技术。

▲ 沃尔沃二甲醚燃料发动机

▼ 沃尔沃二甲醚燃料系统示意图

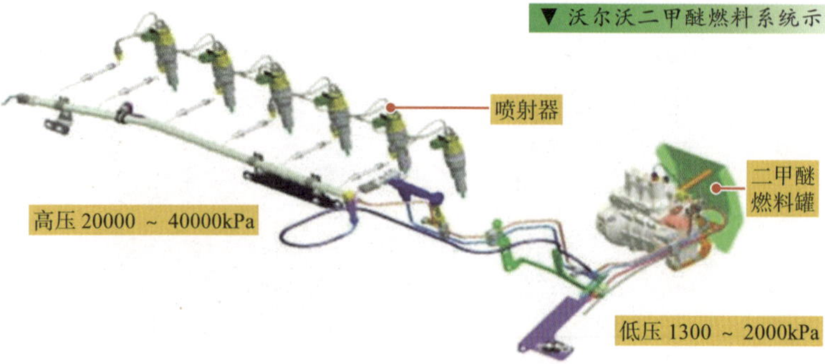

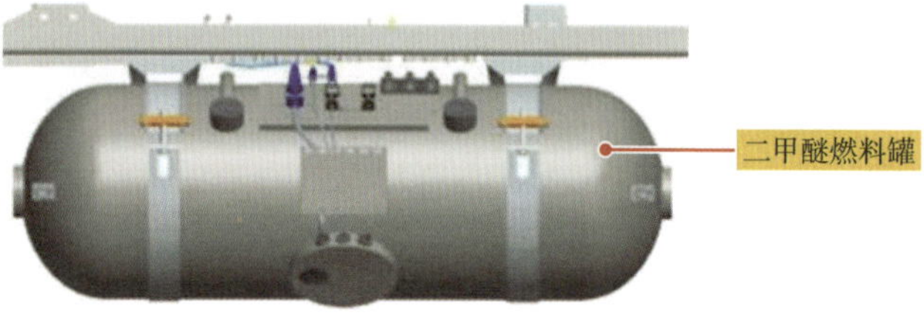

（2）二甲醚燃料汽车的前景

1）国内二甲醚燃料汽车。目前，我国二甲醚燃料公交客车是上海柴油机股份有限公司、上海交通大学、上海华谊集团等单位研制开发的一款具有完全自主知识产权的、以二甲醚为燃料的新型城市客车。该公交客车采用上柴的二甲醚发动机，安装专用的燃料储存、输送及控制系统，具有动力强劲、起步加速无黑烟、便于产业化的特点。

◀ 二甲醚燃料汽车

2）国外二甲醚燃料汽车。当前使用二甲醚燃料的沃尔沃 FH 系列货车已经在瑞典投入常规运营，还在开发使用二甲醚燃料的牵引车、工程车等。

▲ 二甲醚燃料的沃尔沃牵引车

▲ 二甲醚燃料的沃尔沃货车

3）二甲醚燃料前景。二甲醚作为环保、清洁、安全的新型替代能源，具有优良的压缩性，非常适合压燃式发动机，是柴油发动机的理想替代燃料。用二甲醚替代柴油，可以充分利用我国煤炭资源相对丰富的优势，减少车用燃料对石油的依赖，其独特的燃烧特性还能够降低汽车尾气有害污染物的排放。随着二甲醚加注站的完善，二甲醚燃料汽车未来存在很大发展空间。

▲ 二甲醚加注站

4. 生物燃料汽车的应用车型

（1）马自达 Furai 概念车

在 2008 年北美国际汽车展上，马自达展出了一款利用纯乙醇燃料 E100 作为替代燃料的概念车 Furai。该车配备了带有三个转子的转子发动机，其最大输出功率为 331kW。

① Furai 在日文中的汉字书写是“风籁”，即“风的声音”的意思，这个名字体现了赛车迎风前进时的飒爽英姿。从 Furai 的前脸一直延伸到车身侧面，都突显空气流线形的造型，展现运行的平稳性和极强的加速性能。

② 马自达“风籁”是以美国勒芒系列赛（ALMS P2 级别）的参赛车辆为原型开发而成的，但马自达并没有打算使用 Furai 作为赛车，也没有量产计划。

（2）S5S Raptor 跑车

在 2008 年纽约车展上，美国本土超级跑车生产厂商萨林（Saleen）推出了 S5S Raptor 乙醇燃料概念跑车，该车搭载的是使用 E85 燃料的 5.0L 发动机。

S5S Raptor 跑车的发动机安装在车身中部，动力经过 6 速手动变速器输出到后轮上。该车采取 MR（中置后驱）的布置，保证了这台超级跑车的运动性能，其 0-100km/h 加速仅用 3.2s，最高时速达到 322km/h。

▲ 马自达 Furai 概念车

正面

侧面

▲ S5S Raptor 跑车

第8章

如何挑选及购买新能源汽车

由于纯电动汽车不受机动车尾号限行管理措施的限制，而且还有购车补贴，所以以纯电动汽车为代表的新能源汽车以其经济、环保等优势成为很多人购车时的考虑对象。但是对于如何购买，很多人还是一头雾水。本章从挑选新能源汽车的品牌、购车补贴政策以及售后设施、上牌过程等知识进行讲述，让你购买到称心如意的新能源汽车。

1. 新能源汽车的品牌

目前新能源汽车市场发展迅速，市面上可选的新能源汽车的品牌也越来越多。高端有特斯拉 Model S、宝马 i8、宝马 i3 等品牌，国产有奇瑞、江淮、比亚迪等品牌。以下选取来自不同品牌的主流新能源汽车，通过车型关键参数对比，帮助读者了解新能源汽车的发展、变化趋势，而且对挑选新能源汽车也有所帮助。

（1）纯电动车

▲特斯拉 Model S90D 车型

1）特斯拉 Model S90D 车型

① 2016 年款 90D 车型采用四轮驱动，其中前后轴的电机功率均为 193kW，两者联合输出最大功率 311kW，最大转矩为 660N·m，而电池组容量为 90kW·h，传动部分为一台固定传动比变速器。

② 行李箱下角印有“90D”字样，其中“D”代表着两层意思，分别为“Double Motors”（双电机

四驱系统)、“D.A.S”(自动驾驶辅助系统)。

③ 特斯拉 Model S90D 车身配备了 12 个雷达感应器，可以探测到更远距离的物体，从而更好地应对雾、雪等能见度不足的恶劣天气，最终提前避免危险情况并及时做出反应。同时，新车还配备了光学摄像机，它可以自动识别道路标识、自动跟车、自动变换车道、高速自动巡航、主动制动，进而实现更高级自适应巡航体验。

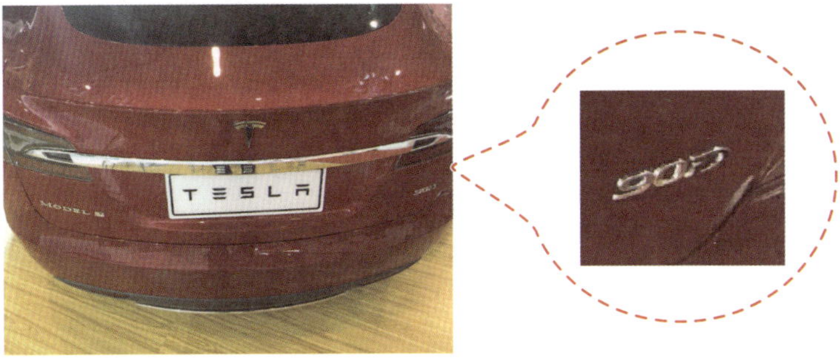

▲ Model S90D 行李箱下角标识

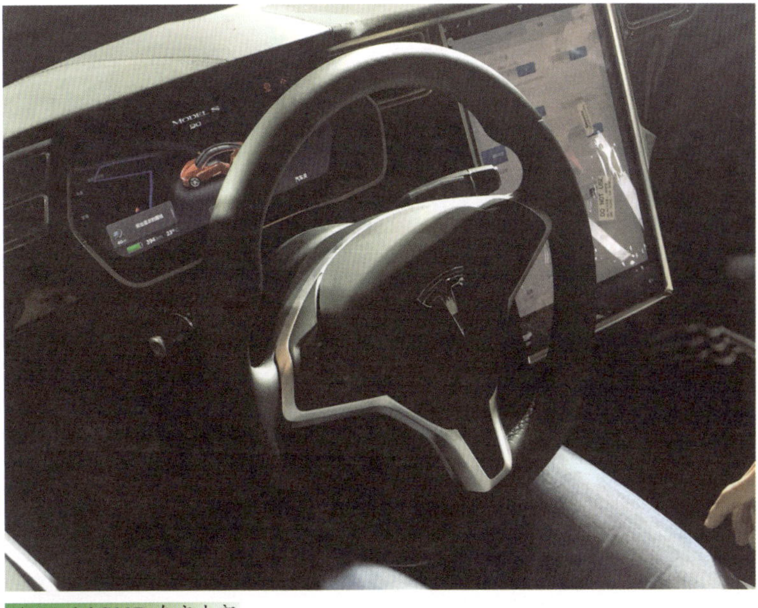

▲ Model S90D 车室内部

④ 特斯拉 Model S90D 车型关键参数如下：

厂商指导价 / 元	86.52 万
质保	4 年或 10 万 km
长 × 宽 × 高 /（mm × mm × mm）	4970 × 1964 × 1445
轴距 /mm	2960
最高车速 /（km/h）	250
纯电续航里程（综合工况）/km	557
动力电池类型	钴酸锂电池
动力电池能量 /kW · h	90
充电方式及时间	快充 4.5h，慢充 10.5h
驱动电机类型	三相交流电机
前后驱动电机峰值功率 /kW	193
驱动电机峰值转矩 /N · m	660

2）宝马 i3

① 宝马 i3 配置最大功率为 125kW 的电机和最大功率 22kw 的锂电池组，仅需 7.2s 便可完成 0-100km/h 加速。宝马 i3 将配备包括防抱死制动系统（ABS）、弯道制动控制系统（CBC）、动态制动控制系统（DBC）、制动助力器、起动辅助和制动衰减补偿等功能在内的动态稳定控制系统（DSC）。

▲ 宝马 i3

② 宝马 i3 提供两种充电模式，一种为家用电源充电，充满需要 5.5h；另外一种则是高效模式，通过充电桩充电，仅需要 1h 便能充满。

③ 车室内部中控台简洁，采用液晶屏显示车速、行驶里程和剩余里程等信息，简单实用。驾驶时坐在在车内有良好的视野以及透光性。

▲ 宝马 i3 充电模式

▲ 宝马 i3 车室内部

④ 宝马 i3 车型关键参数如下：

厂商指导价 / 元	41.68 万
质保	3 年或 10 万 km
长 × 宽 × 高 /（mm × mm × mm）	4006 × 1775 × 1600
轴距 /mm	2570
最高车速 /（km/h）	150
纯电续航里程（综合工况）/km	185
动力电池类型	锂电池
动力电池能量 /kW · h	22
充电方式及时间	快充 1h，慢充 5.5h
驱动电机类型	直流永磁电机
驱动电机峰值功率 /kW	125
驱动电机峰值转矩 /N · m	250

3）长安逸动 EV

① 长安推出第一款面向私人消费市场的新能源汽车长安逸动 EV，它所搭载的电机峰值功率为 90 kW，最大转矩可达 280N · m。该车的续航里程可达 200km，慢充电需耗时 8h，而快速充电仅需 0.5h 即可达到 80% 以上电量。每公里耗电量仅需 0.15kW · h，较传统车节约 85% 的使用成本，更有利于满足都市人群的用车需求。

② 在车尾只有简单的“长安汽车”、“EADO”及车尾的蓝色“EV”标识。

③ 长安逸动 EV 在内饰上和燃油版逸动保持了高度的一致，注重实用性和操纵方便性。该车配备了 ESP 电子车身稳定系统、CRBS 制动能量回收系统、前排气囊、前排侧面气囊、车身侧面安全气帘、GPS 导航系统和可视泊车系统等丰富配置。

◀ 长安逸动 EV

▲ 长安逸动 EV 的车尾标识

▲ 长安逸动 EV 的配置

④ 长安逸动 EV 车型关键参数如下：

厂商指导价 / 元	23.49 万 ~ 24.99 万
质保	3 年或 6 万 km
长 × 宽 × 高 /（mm × mm × mm）	4620 × 1820 × 1515
轴距 /mm	2660
最高车速 /（km/h）	140
纯电续航里程（综合工况）/km	200
动力电池类型	锂离子电池
动力电池能量 /kW · h	26
充电方式及时间	慢充电需耗时 8h，而快速充电仅需 0.5h
驱动电机类型	永磁同步交流电机
驱动电机峰值功率 /kW	90
驱动电机峰值转矩 /N · m	280

4）华泰新能源 iEV230

① 华泰新能源 iEV230 在进气格栅、车顶、轮圈等部分运用蓝色边框包围，显示纯电动车的身份。华泰新能源 iEV230 装备最大功率 80kW，最大转矩 220N·m 的电机，配有 39.2kW·h 的电池组。综合续航里程为 230km，等速巡航模式的续航里程为 270 km，家用 220V 电源即可满足新车充电需求，使用比较方便。

▶ 华泰新能源 iEV230

② 华泰新能源 iEV230 在车尾只有简单的“华泰汽车”及车尾的蓝色“iEV230”标识。

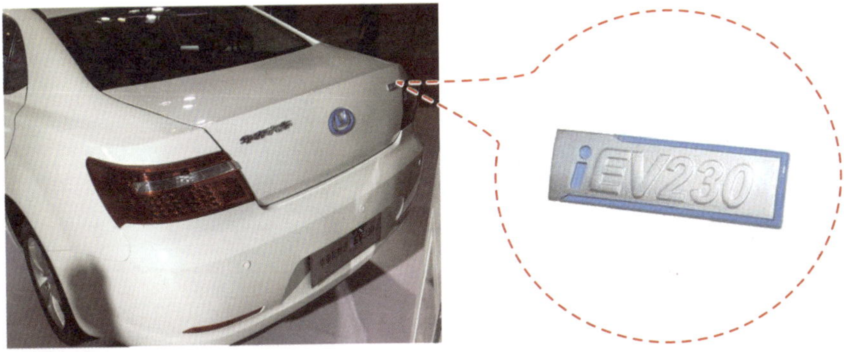

▲ 华泰新能源 iEV230 标识

③ 华泰新能源 iEV230 配备真皮多功能转向盘、主副驾驶座椅电动调节、外后视镜电动调节、自动空调、无钥匙进入、电动天窗、一键起动、前后倒车雷达、倒车影像、导航系统、蓝牙电话以及手机互联系统等装置。

④ 华泰新能源 iEV230 车型关键参数如下：

厂商指导价 / 元	21.35 万 ~ 22.5 万
质保	3 年或 6 万 km
长 × 宽 × 高 /（mm × mm × mm）	4777 × 1794 × 1481
轴距 /mm	2678
最高车速 /（km/h）	130
纯电续航里程（综合工况）/km	综合续航里程为 230km，等速巡航模式的续航里程为 270km
动力电池类型	三元锂离子电池
动力电池能量 /kW · h	39.2
充电方式及时间	慢充电需耗时 12h，而快速充电仅需 1h
驱动电机类型	永磁同步电机
驱动电机峰值功率 /kW	80
驱动电机峰值转矩 /N · m	220

5）中华 H230EV

① 2016 年北京车展上，华晨汽车正式发布中华 H230EV，它是基于中华 H230 汽油版车型打造而成。中华 H230 EV 在翼子板和车尾出都增加了“EV”的身份标识，前脸中网及雾灯外围采用了蓝色涂装，车尾牌照框上方同样为蓝色，车身贴有“H230EV”字样。

◀ 中华 H230 EV

② 中华 H230EV 搭载一台电机作为动力单元，其最大输出功率 70kW，峰值转矩 218N·m。新车采用三元锂离子电池，最大容量 24kW·h。性能方面，中华 H230EV 的最大续航里程为 200km，最高时速 135km/h。

③ 中华 H230EV 纯电动版采用黑色内饰配色，在中控台及转向盘使用了蓝色装饰，新车采用了新设计的仪表，表盘两侧配有蓝色灯带，显示效果出色。另外，该车还配备了大尺寸液晶屏幕，可显示车辆行驶状态等信息。

▲ 中华 H230 EV 的动力系统

▲ 中华 H230EV 的内室

④ 中华 H230 EV 车型关键参数如下：

厂商指导价 / 元	16.98 万 ~ 17.98 万
质保	3 年或 6 万 km
长 × 宽 × 高 /(mm × mm × mm)	4390 × 1703 × 1497
轴距 /mm	2570
最高车速 /(km/h)	135
纯电续航里程（综合工况)/km	150
动力电池类型	三元锂离子电池
动力电池能量 /kW · h	24
充电方式及时间	慢充电需耗时 7h，而快速充电仅需 3.5h
驱动电机类型	永磁同步电机
驱动电机峰值功率 /kW	70
驱动电机峰值转矩 /N · m	218

6) 比亚迪 e6 电动车

① 比亚迪 e6 电动车搭载的是比亚迪自主研发的纯电驱动系统，其中电机额定功率为 90kW，最大转矩为 450N · m。比亚迪 e6 电动车续航里程可以达到 300km。该车配有 Keyless 智能无钥匙进入系统、语音导航系统、车载数字电视、倒车影像、胎压监测等科技装备。此外，该车还可通过互联网加以控制。

▲ 比亚迪 e6 电动车

② 比亚迪 e6 电动车关键参数如下：

厂商指导价 / 元	30.98 万 ~ 36.98 万
质保	4 年或 10 万 km
长 × 宽 × 高 /（mm × mm × mm）	4560 × 1822 × 1630
轴距 /mm	2830
最高车速 /（km/h）	140
纯电续航里程（综合工况）/km	300
动力电池类型	磷酸铁锂电池
动力电池能量 /kW · h	82
充电方式及时间	快充 1.5h，慢充 8h
驱动电机类型	永磁交流电机
驱动电机峰值功率 /kW	90
驱动电机峰值转矩 /N · m	450

7）腾势电动车

① 腾势是深圳比亚迪戴姆勒新技术有限公司推出的首个采用新能源动力的汽车品牌，该款车在 2016 年 4 月 25 日北京国际汽车展览会上推出。腾势纯电动车的动力系统由一台最大功率为 86kW 的电机和高压磷酸铁锂电池组成，续航里程在 250km 以上。

▲ 腾势纯电动车

② 腾势纯电动车关键参数如下：

厂商指导价 / 元	36.9 万 ~ 39.9 万
质保	3 年或 12 万 km
长 × 宽 × 高 /（mm × mm × mm）	4642 × 1850 × 1642
轴距 /mm	2880
最高车速 /（km/h）	150
纯电续航里程（综合工况）/km	253
动力电池类型	磷酸铁锂电池
动力电池能量 /kW · h	47.5
充电方式及时间	快充 1h，慢充 32h
驱动电机类型	永磁电机
驱动电机峰值功率 /kW	86
驱动电机峰值转矩 /N · m	290

（2）插电式混合动力车

1）荣威 e550 插电式混合动力轿车

① 荣威 e550 的外观相比传统汽油版车型来说，增加了充电接口及尾部的“e550”标示等。荣威 e550 作为上汽首款量产的插电式混合动力轿车，

最明显的优势就在于便利性，它们既有足够长的纯电续航里程，又可以不受电池电量和充电桩的限制，同时可以在电能与燃料间直接切换动力源，从而保证足够的燃油经济性。

◀ 荣威 e550 外观

② 荣威 e550 搭载高效三核混动发动机组（其中配置 1.5L VTi-Tech 高效能发动机），综合功率达 147kW，峰值转矩 587N · m，动力性能媲美同级 2.0T 发动机，纯电续航达到了 60km，百公里油耗仅 1.6L。荣威 e550 不仅环保性能好，而且具有传统车型的使用便利性。

③ 荣威 e550 只是在仪表板以及中央触控屏幕显示上与传统汽油版有所不同，其他方面基本完全一致。它配备了 ABS 制动防抱死系统、EBD 电子制动力分配系统、CBC 转向制动控制系统、远程实时监控系。同时，车辆能够监控电池电量并及时警报电池电量过低、车辆数据异常、系统故障报警等状况，全面保障行车安全。

▲ 荣威 e550 的驱动系统

▲ 荣威 e550 的内室

④ 荣威 e550 搭配了智能电驱变速器，它可以很灵活地实现串联、并联混合驱动，以及油电驱动间的自由切换。此外，荣威 e550 还提供了 E- 经

济模式、N-普通模式、M-山地模式三种不同的行车模式。

▲ 荣威 e550 的驾驶性能

⑤ 荣威 e550 插电式混合动力轿车的关键参数如下：

厂商指导价 / 元	23.98 万 ~ 25.98 万
质保	5 年或 10 万 km
长 × 宽 × 高 /（mm × mm × mm）	4648 × 1827 × 1479
轴距 /mm	2705
最高车速 /（km/h）	200
综合工况油耗 /（L/100km）	2.3
综合工况纯电续航里程 /km	60
动力电池类型	锂电池
动力电池能量 /kW · h	11.8
充电方式及时间	100% 充满电慢充耗时 6 ~ 8h
驱动电机类型	永磁同步电机
驱动电机峰值功率 /kW	23（ISG）+44（TM）
驱动电机峰值转矩 /N · m	147（ISG）+317（TM）

2）宝马 740Le xDrive 插电式混合动力轿车

① 2016 年北京车展上，宝马公司正式首发了宝马 7 系插电式混合动力版 740Le xDrive。宝马 740Le xDrive 的前格栅中加入了蓝色竖网点缀，其车身左前翼子板处新增了充电接口，C 柱与车尾都标注了“eDrive”字样，表明其为一款插电式混合动力车型。值得注意的是，新车在翼子板上还有着“i”标识，以显示新车已经属于宝马最新的子品牌 i Performance（宝马插电式混动车品牌）的车型。

② 宝马 740Le xDrive 搭载的是由 2.0T 涡轮增压发动机与电机组成的插电式混合动力系统，其综合最大输出功率为 240kW，纯电动模式下续航里程为 40km。宝马 740Le xDrive 的 0-100km/h 加速时间仅为 5.5s。

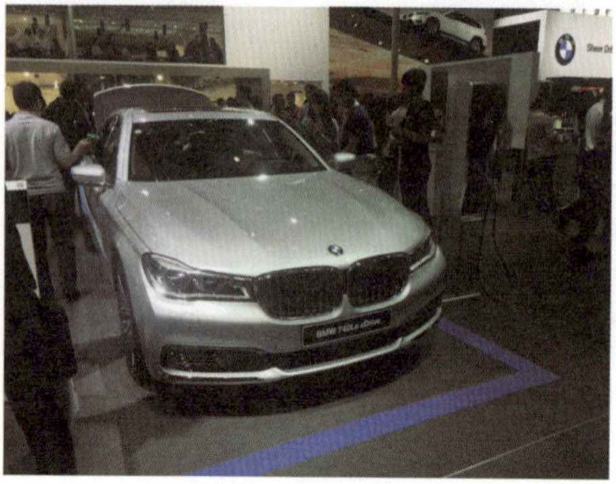

▲ 宝马 740Le xDrive 外观

▲ 翼子板上 “i” 标识

C 柱与车尾 “eDrive” 字样标注

③ 宝马 740Le xDrive 在内饰上与普通版 7 系基本一致，中控台同样采用了抛光实木与拉丝铝材质的装饰，营造了舒适豪华的氛围。

▶ 宝马 740Le xDrive 内室

④ 宝马 740Le xDrive 插电式混合动力轿车的关键参数如下：

厂商指导价 / 元	—
质保	4 年或 10 万 km
长 × 宽 × 高 /（mm × mm × mm）	5250 × 1902 × 1498
轴距 /mm	3210
最高车速 /（km/h）	250
综合工况油耗 /（L/100km）	2.3
综合工况纯电续航里程 /km	40
动力电池类型	锂离子电池
动力电池能量 /kW · h	9
充电方式及时间	使用家用电源插座在 4h 内可完全充满电，使用 BMW i 墙盒只需 3h 即可充满电
驱动电机类型	永磁同步电机
驱动电机峰值功率 /kW	83
驱动电机峰值转矩 /N · m	250

3）宝马 X5 插电式混合动力轿车

① 宝马 X5 插电式混合动力轿车的外观与目前在售宝马 X5 车型基本相同，只是在外观细节方面进行了调整，如在左前翼子板上设有充电插口。

▲ 宝马 X5 插电式混合动力轿车

② 宝马 X5 插电式混合动力轿车搭载了一套由 2.0TwinPower Turbo 双涡管单涡轮增压发动机和一台同步电机组成的插电式混动系统。该车可以提供 230kW 的最大功率和 450N · m 的峰值转矩，传动系统则匹配 8 速手

自一体变速器，0-100km/h 加速仅需 6.8s。

③ 配置方面，宝马 X5 插电式混合动力轿车配置了 BMW 互联驾驶功能，比如通过 BMW 远程控制应用，驾驶人可以查看车辆充电状态，或者远程启动驻车加热或驻车空调功能。

④ 宝马 X5 插电式混合动力轿车的高压锂离子电池组安置在行李箱地板下方的防撞安全位置，不会占用额外的储物空间。另外，宝马 X5 插电式混合动力轿车还具有 AUTO eDrive、MAX eDrive、SAVE Battery 三种驱动模式选择，例如选择 MAX eDrive 模式，新车切换到纯电动零排放驱动，仅依靠电机驱动，最高时速可达 120km/h。

⑤ 宝马 X5 插电式混合动力轿车的关键参数如下：

厂商指导价 / 元	92.8 万
质保	3 年或 10 万 km
长 × 宽 × 高 /（mm × mm × mm）	4909 × 1938 × 1772
轴距 /mm	2933
最高车速 /（km/h）	210
综合工况油耗 /（L/100km）	3.9
综合工况纯电续航里程 /km	31
动力电池类型	锂离子电池
动力电池能量 /kW · h	9
充电方式及时间	快充 3h，慢充 5h
驱动电机类型	永磁同步电机
驱动电机峰值功率 /kW	83
驱动电机峰值转矩 /N · m	250

4）宝马 i8 插电式混合动力跑车

① 宝马 i8 插电式混合动力跑车的前部具有较复杂的空气动力学造型，风阻系数仅为 0.26。该车线条流畅，两个蝴蝶式上掀车门都给人留下超级跑车的精彩印象，同时前格栅被蓝色线条包围，显示其环保的品牌属性。

② 宝马 i8 插电式混合动力跑车搭载的是一套插电式混合动力系统，该系统由一台 1.5T 三缸涡轮增压发动机和电机组合而成，其中纯电的行驶里程 37km，最高时速 120km/h，另外也可以联合输出动力驱动车辆。后置的发动机负责驱动后轮，前置的电机则用来驱动前轮，从而实现了四轮驱动的模式。

③ 中控屏幕界面以蓝色调为主，显示分辨率很清晰。驾驶时通过中控

屏的能量流显示，驾驶人可以实时看到车辆当前使用发动机能量流还是混合动力系统能量流等。

▲ 宝马 i8 插电式混合动力跑车

④ 宝马 i8 插电式混合动力跑车的关键参数如下：

厂商指导价 / 元	198.8 万
质保	3 年或 10 万 km
长 × 宽 × 高 /（mm × mm × mm）	4689 × 1942 × 1299
轴距 /mm	2800
最高车速 /（km/h）	250
综合工况油耗 /（L/100km）	2.1
综合工况纯电续航里程 /km	37
动力电池类型	锂电池
动力电池能量 /kW · h	7.1
充电方式及时间	使用充电墙盒可在 3h 内充至 80% 的电量
驱动电机类型	永磁同步电机
驱动电机峰值功率 /kW	96
驱动电机峰值转矩 /N · m	250

5）比亚迪秦插电式混合动力轿车

① 比亚迪秦是国内首个量产的插电式混合动力轿车，它整车造型时尚动感。在当前国内不少大城市空气污染严重的情况下，比亚迪秦的上市，有助于新能源汽车加快进入家庭，改善空气质量。

② 比亚迪秦插电式混合动力轿车搭载 10kWh 磷酸铁锂电池，采用并联式混合动力方式，电功率比达 97.3%。最大纯电动续驶里程为 70km，最高车速可达 185km/h，百公里油耗仅为 2L。混合动力模式下，最大功率和最大转矩为 223kW 和 490N · m，传动部分采用了比亚迪自主研发的 6 速 DCT 双离合变速器，这使得比亚迪秦插电式混合动力轿车的 0-100km/h 加速时间仅需 5.9s。

▲ 比亚迪秦插电式混合动力轿车

③ 比亚迪秦插电式混合动力轿车的关键参数如下：

厂商指导价 / 元	20.98 万 ~ 21.98 万
质保	6 年或 15 万 km
长 × 宽 × 高 /（mm × mm × mm）	4740 × 1770 × 1480
轴距 /mm	2670
最高车速 /（km/h）	185
综合工况油耗 /（L/100km）	1.6
综合工况纯电续航里程 /km	70
动力电池类型	磷酸铁锂电池
动力电池能量 /kW · h	13
充电方式及时间	家用 220V 电源充满电需 4 ~ 5h
驱动电机类型	永磁同步电机
驱动电机峰值功率 /kW	110
驱动电机峰值转矩 /N · m	250

（3）非插电式混合动力车

1）雷克萨斯 ES300h 混合动力轿车

① 全新一代 ES300h 搭载一套由 2.5L 排量汽油发动机以及电机所组合而成的油电混合动力系统。该油电混合动力系统在低负荷工况下可以纯靠电机驱动，高负荷工况下由汽油发动机和电机共同驱动，汽油发动机也负责为镍氢电池组充电，保证电机的运作。另外，制动减速的能量也会被回收给镍氢电池组充电。

② ES300h 采用流线形的车身，它前脸的流线线条一直延伸到车尾，体现运动气质。ES300h 内饰颜色以黑色和米黄色为主，搭配木纹色的装饰条，且做工相当精致。另外，ES300h 配置了全真皮座椅，乘坐起来相当舒适。中控台顶部内嵌 20cm 彩色显示屏，搭配第二代 Remote-Touch 信息操作系统，通过这套系统驾驶人可以轻松实现导航、收音机、多媒体播放、空调控制、电话、车辆保养等多项功能。此外，ES300h 具有预碰撞安全系统（PCS）和车道偏离警示系统（LDA）等智能配置。

▲ 雷克萨斯 ES300h 外观

③ ES300h 有 4 种驾驶模式，标准模式（Normal）、运动模式（Sport）、经济模式（Eco）和纯电动模式（EV）。其中，ES300h 特有的纯电动（EV）驱动模式，能真正实现零油耗和零排放。

▲ 雷克萨斯 ES300h 内室

▲ 雷克萨斯 ES300h 的 4 种驾驶模式

④ 雷克萨斯 ES300h 的关键参数如下：

厂商指导价 / 元	37.8 万 ~ 49.8 万
质保	6 年或 15 万 km
长 × 宽 × 高 /（mm × mm × mm）	4915 × 1820 × 1450
轴距 /mm	2820
最高车速 /（km/h）	180
综合工况油耗 /（L/100km）	5.4
综合工况纯电续航里程 /km	—
动力电池类型	镍氢电池
动力电池能量 /kW · h	1.6
驱动电机类型	永磁同步电机
驱动电机峰值功率 /kW	105
驱动电机峰值转矩 /N · m	270

2）凯美瑞尊瑞混合动力轿车

① 2015 年凯美瑞尊瑞搭载了一台全新的 2.5 L 汽油发动机和一台电机，它们只是整个油电混合系统的一部分，除此之外，这套系统还包括可变电压控制系统、直流 / 交流逆变器系统以及高功率 HV 镍氢动力蓄电池。发动机与电机可以一起工作，也可以纯电动行驶。在制动减速或者滑行时，能量会被回收至动力蓄电池。

② 凯美瑞尊瑞沿用了普通版车型的外观设计，内饰整体设计与车型相同，但无论是做工和用料方面更加精致，其中包括仪表板顶部更多的软性材质，黑色纹理饰板等。

③ 凯美瑞尊瑞还拥有许多独有的配置，其中包括 EV、ECO 模式，PCS 预碰撞 +ACC 主动巡航系统，电子防眩目后视镜，通风加热座椅，电

动遮阳帘以及 BSM 盲点监控系统。TPWS 胎压监测系统，该系统不仅能够实时监控四个轮胎的气压，甚至连备胎也能够监控。

正面

侧面

▲ 凯美瑞尊瑞外观

▼ 凯美瑞尊瑞内室

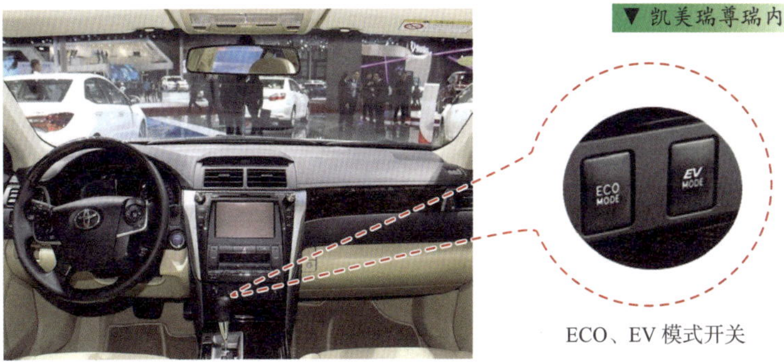

ECO、EV 模式开关

④ 凯美瑞尊瑞的关键参数如下：

厂商指导价 / 元	23.28 万 ~ 30.28 万
质保	3 年或 10 万 km
长 × 宽 × 高 /（mm × mm × mm）	4850 × 1825 × 1480
轴距 /mm	2775
最高车速 /（km/h）	180
综合工况油耗 /（L/100km）	5.3
综合工况纯电续航里程 /km	—
动力电池类型	镍氢电池
动力电池能量 /kW · h	1.6
驱动电机类型	永磁同步电机
驱动电机峰值功率 /kW	105
驱动电机峰值转矩 /N · m	270

2. 新能源汽车的购车补贴政策

购买新能源汽车可以享受国家的购车补贴，除了国家补贴外，还可以享受到各地方的不同补贴政策。如北京、广州实行和国家补贴相同的 1∶1 补贴政策，即国家补多少北京、广州补多少，但北京补贴车型不包含插电式混合动力汽车，具体以当地政府规定的政策为准。

1）不久前，国家财政部发布了 2016-2020 年段的新能源补贴政策。与前阶段政策相比，2016 年新补贴政策对纳入补贴范围的纯电动车做了更高要求，纯电动续航里程从原来的 80km 提升到 100km；同时对纯电动车的车速也做了限制，要求纯电动车能行驶 30min，最高车速应不低于 100km/h。

2）补贴金额方面，2016 年纯电动车和混动车的补贴金额范围为 2.5 ~ 5.5 万元；而燃料电池车从现阶段的 18 万元 / 辆提升至 20 万元 / 辆。另外，除燃料电池车外，新能源乘用车补助标准则将逐年下降，其中 2017 ~ 2018 年补助标准在 2016 年基础上下降 20%，2019 ~ 2020 年补助标准在 2016 年的基础上下降 40%。

2016—2020 年段的新能源补贴政策

车型类型	行驶里程数 /km	2016 年	2017 年	2018 年	2019 年	2020 年
纯电动乘用车	100 ≤ R < 150	2.5 万元 / 辆	2 万元 / 辆	2 万元 / 辆	1.5 万元 / 辆	1.5 万元 / 辆
	150 ≤ R < 250	4.5 万元 / 辆	3.6 万元 / 辆	3.6 万元 / 辆	2.7 万元 / 辆	2.7 万元 / 辆
	R ≥ 250	5.5 万元 / 辆	4.4 万元 / 辆	4.4 万元 / 辆	3.3 万元 / 辆	3.3 万元 / 辆
插电式混合动力乘用车	R ≥ 50	3 万元 / 辆	2.4 万元 / 辆	2.4 万元 / 辆	1.8 万元 / 辆	1.8 万元 / 辆
燃料电池乘用车	—	20 万元 / 辆	20 万元 / 辆	20 万元 / 辆	20 万元 / 辆	20 万元 / 辆

3. 新能源汽车售后设施

（1）个人充电桩安装流程

1）个人充电桩安装主要是向供电部门申请，一般具体流程如下：

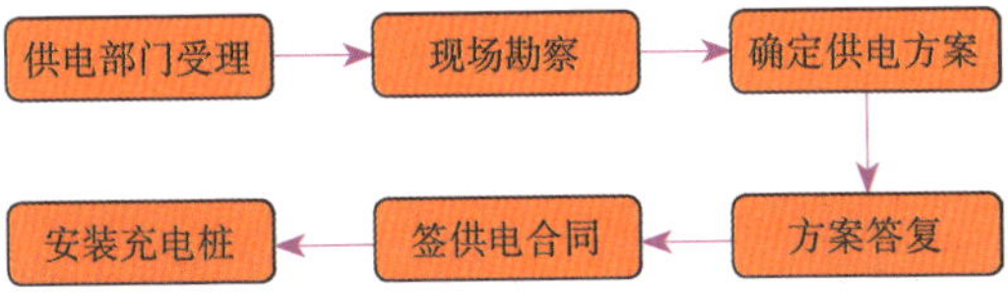

▲ 个人充电桩安装流程

2）如宝马 i 系列的个人充电设备安装分为预评估、车位勘查和确认安装方案、充电设备安装及交接。首先，销售顾问将引导车主填写预评估资料，并根据填写结果协助车主分析安装可行性。而后在车位勘查环节，专业服务公司也将现场与物业沟通，为车主提供充电设备安装位置及布线的解决方案。同时，充电桩将拥有 3 年保修服务，保修时间自充电设备交接之日算起。

▶ 宝马 i 系列个人充电设备

（2）社会充电设施

社会充电设施的覆盖面和密度将是消费者购买新能源汽车主要考虑的内容，但这毕竟需要时间来实现。

1）广东将来计划实现社会充电设施全覆盖，在广东省各地级市主城区建成平均服务半径5km的公用充电网络，明确规定新建及改扩建办公类建筑、商业类建筑及社会停车场库、居住类建筑充电桩的配建比例。同时，鼓励在现有公共停车场配建一定比例的充电设施。

2）公共充电网络的建设是保证电动汽车客户无忧出行的重要补充，因此宝马公司一直积极参与公共充电网络的建设，携手国家电网、上海市电力公司、上海世博发展集团、万科集团、太古集团、上海半岛酒店等合作伙伴，推进公共充电网络的发展。如宝马与万科集团合作，万科将在全国400多个社区内，支持业主安装充电设施，并逐步在社区内配套采用国家通用标准的社会充电设施，完善社区公共充电服务体系。

▲ 社会充电设施

▲ 万科社区公共充电服务体系

4. 新能源汽车购车指南

（1）新能源汽车购车流程

1）新能源汽车购车一般流程如下：

申请新能源车指标（市指标办）→ 办理购车手续（经销商4S店）→ 充电方案（经销商4S店）→ 办理上牌手续（车管所）→ 申请补贴（市指标办）

▲ 新能源汽车购车一般流程

2）以广州购买纯电动车为例，申请新能源车指标（市指标办）→办理购车手续（经销商4S店）→申请汽车充电桩电力报装（电力部门）→提车并购买交强险等（保险公司）→申请临时牌照（车管所）→网上预约上牌→办理购置税免税证明（国税购置税服务点）→办理车船税免税证明（地税服务点）→按照预约时间上牌（车管所）→申请补贴（市指标办）→安装充电桩（物业、电力部门）→等补贴（部分直接打入个人账号，部分打给销售单位）。

（2）新能源汽车购车流程及方法

以广州购买奇瑞eQ纯电动车为例，说明新能源汽车购车流程及方法。

1）申请新能源车指标（市指标办），需要身份证原件+复印件，然后填写申请表。提交申请后，市指标办需要走审批流程，审批完成后，就可以在指标办的网站上查询申请指标情况，输入你的姓名和身份证号码，有的话就能够查到。没有，就继续等。网站上的指标证明，在上完牌后，就会自动消失。

注意：目前已经开通网上办理业务，也可以通过登陆“http://jtzl.gzjt.gov.cn”网上进行申请，然后按照规定的信息进行填写。

① 申请人登陆广州市中小客车指标调控管理信息系统（http://jtzl.gzjt.gov.cn）。

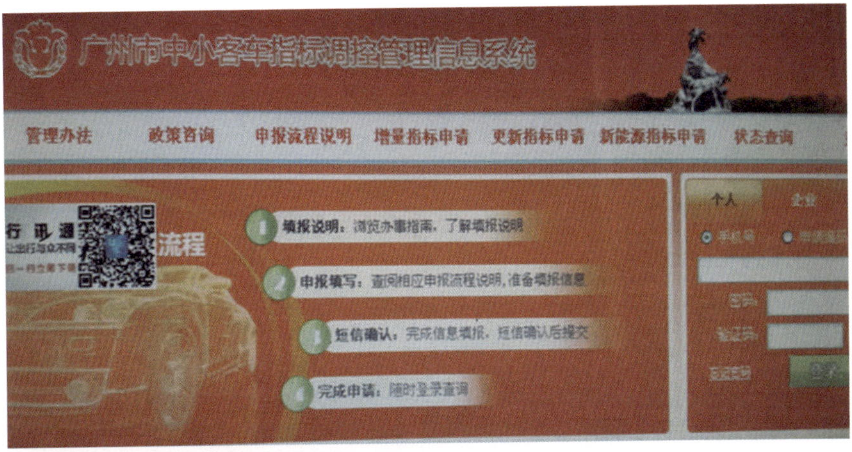

▲“广州市中小客车指标调控管理信息系统”界面

② 在系统页面右上角的“新能源指标申请”栏项目中选择“新能源指标查询”或者右上角的“状态查询”栏项目中选择“其他指标查询”。

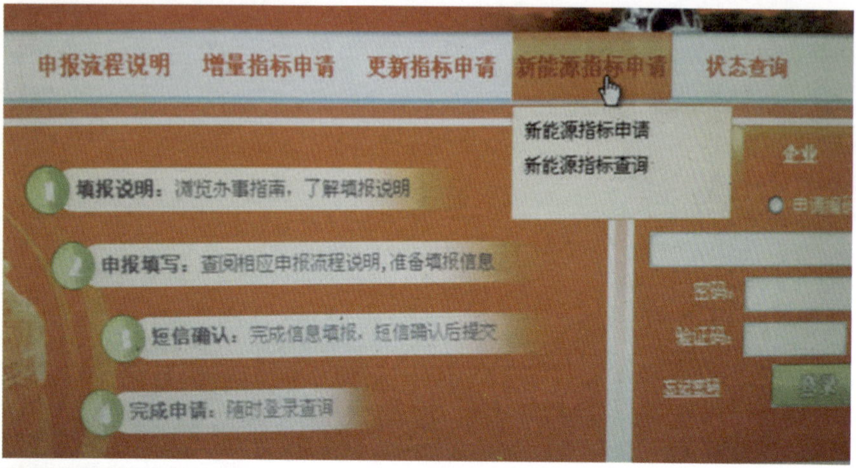

▲“新能源指标查询”界面

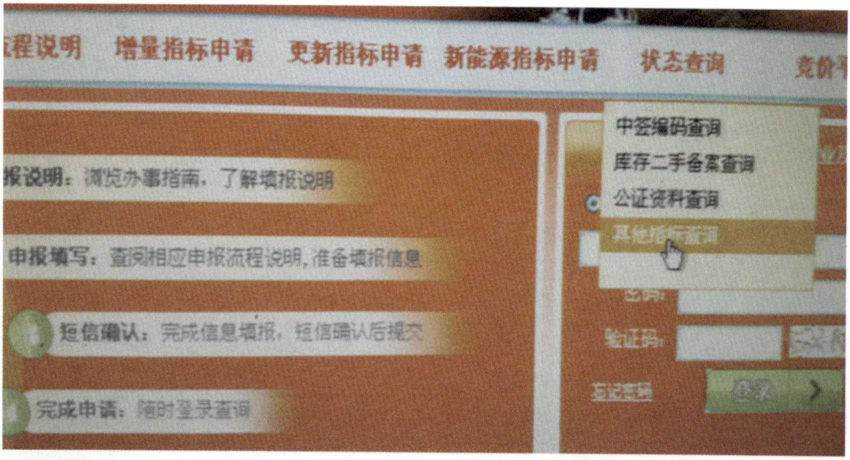

▲“其他指标查询”界面

③ 在相应查询栏输入申请人姓名或单位名称及证件号码按查询钮，最后打印指标证明文件。

▲“新能源指标申请查询”界面

2）挑选新能源汽车并办理购车手续（经销商4S店），然后申请汽车充电桩电力报装（电力部门），需要身份证原件＋复印件，车位产权复印件，物业证明。通过申请后，供电局提供一份答复函。

▲挑选新能源汽车

3）办理提车手续并购买交强险等（保险公司）。

4）申请临时牌照（车管所），需要身份证复印件，指标证明，合格证，交强险。

5）网上预约上牌，必须通过网上车管所的网站去预约，然后根据网址提供相关资料即可。

奇瑞 4S 店

交款

交接汽车质量保证书等资料

交车仪式

▲ 办理提车手续

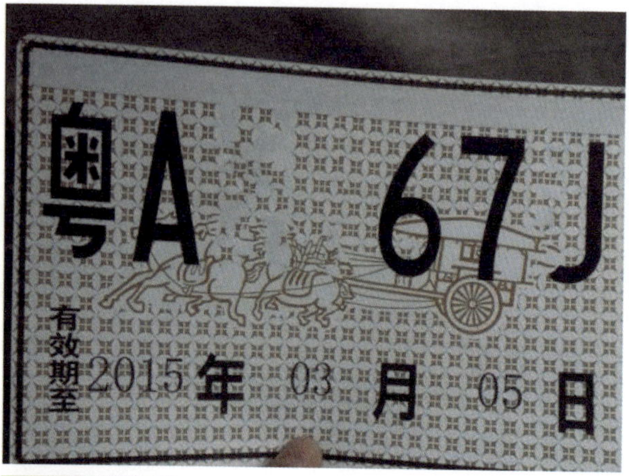

▲ 申请临时牌照

6）办理购置税免税证明（国税购置税服务点），需要合格证、指标文件、身份证复印件、发票报税联和客户联。

▲ 国税购置税服务点办理购置税免税证明

7）办理车船税免税证明（地税服务点），需要合格证、身份证复印件、发票客户联。

▲ 地税服务点办理车船税免税证明

8）按照预约时间上牌（车管所），需要合格证、发票、交强险、身份证、购置税证、车船税免税证明、指标证明、上牌拍照、拓印等。

9）申请补贴（市指标办），所需材料包括指标证明、车辆登记证书、与申请人名称（姓名）一致的银行账户信息（包括存折、银行卡等）、机动车行驶证，个人申请人提供居民身份证。此外，单位申请人还应提供组织机构代码证、法人代表身份证、经办人身份证、单位法人授权书。

10）安装充电桩（物业、电力部门），准备电箱、电缆及配件。

11）等补贴（部分直接打入个人账号，部分打给销售单位）。

▲ 业务大厅

▲ 领取牌拍

▶ 申请补贴资料

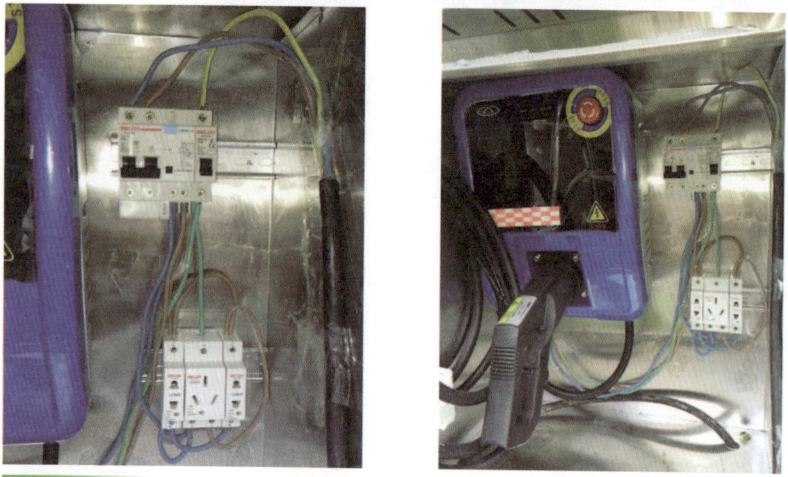

▲ 安装充电桩